Den Murer Krukke Kogebog

Oplev bekvemmeligheden og alsidigheden ved Murer Krukke-måltider med over 100 lækre opskrifter

Kristiane Holmberg

Ophavsret materiale ©2023

Alle rettigheder forbeholdes

Uden korrekt skriftligt samtykke fra udgiveren og Ophavsret-indehaveren kan denne bog ikke bruges eller distribueres på nogen måde, form eller form, undtagen for korte citater brugt i en anmeldelse. Denne bog bør ikke betragtes som en erstatning for medicinsk, juridisk eller anden professionel rådgivning.

INDHOLDSFORTEGNELSE

INDHOLDSFORTEGNELSE **3**
INTRODUKTION **7**
MURER KRUKKE MORGENMAD **8**
   1. Murer Krukke chia buddinger 9
   2. Rainbow Kalk Chia Pudding 11
   3. Tropisk kokos Chia budding 13
   4. Bær Morgenmad Parfait 15
MURERKRUKE ELLEDNING **17**
   5. Murer Krukke kylling og ramen suppe 18
   6. Murer krukke bolognese 20
   7. Murer Krukke lasagne 22
   8. Murer krukke rødbeder og rosenkål korn skåle 25
   9. Murer Krukke broccolisalat 27
   10. Murer Krukke kyllingesalat 29
   11. Murer krukke kinesisk kyllingesalat 31
   12. Murer Krukke niçoise salat 33
   13. Meget grøn Murer Krukke salat 35
MURER KRUKKE SOUCER OG BULLING **37**
   14. Chimichurri Sauce 38
   15. Oksebensbouillon 40
   16. Kiwi daiquiri marmelade 42
   17. Crock Pot Dulce de Leche 44
   18. Hot sauce i Louisiana-stil 46
   19. Chimichurri verde 48
   20. Ají amarillo sauce 50

21. Hvidløgsagtig grøn chilisauce 52

22. Chipotle varm sauce 54

23. Ají picante 56

24. Æbleeddike 58

25. Ananaseddike 60

MURER KRUKKE VEGGIES 62

26. Dild pickles 63

27. Sauerkraut 65

28. Brød-og-smør pickles 67

29. Dild pickles 69

30. Søde cornichon pickles 71

31. 14-dages søde pickles 73

32. Hurtige søde pickles 75

33. Syltede asparges 77

34. Syltede dillede bønner 79

35. Syltet tre-bønnesalat 81

36. Syltede rødbeder 83

37. Syltede gulerødder 85

38. Syltet blomkål/Bruxelles 87

39. Chayote og jicama slaw 89

40. Brød-og-smør syltet jicama 91

41. Marinerede hele svampe 93

42. Syltet dillet okra 95

43. Syltede perleløg 97

44. Marineret peberfrugt 99

45. Syltede peberfrugter 101

46. Syltede peberfrugter 103

47. Syltede jalapeñopeberringe 105

48. Syltede gule peberringe 107

49. Syltede søde grønne tomater 109

50. Syltede blandede grøntsager 111

51. Syltet brød-og-smør zucchini 113

52. Chayote og pære smag 115

53. Piccalilli 117

54. Pickle relish 119

55. Syltede majs relish 121

56. Syltet grøn tomat relish 123

57. Syltet peberrodssauce 125

58. Syltet peber-løg relish 127

59. Krydret jicama relish 129

60. Tangy tomatillo relish 131

61. Ingen sukker tilsat syltede rødbeder 133

62. Sød syltede agurk 135

63. Skiver dild pickles 137

64. Søde pickles i skiver 139

65. Citron & Dild Kraut 141

66. Kinesisk Kimchi 143

67. Fermenterede gulerodsstænger 145

68. Gulerødder med et indisk twist 147

69. Radisebomber 149

MURER KRUKKE DESSERT 151

70. CadburyÆg Bagateller 152

71. Rå Parfait med Spirulina Mælk 154

72. Blåbær citron cheesecake havre 156

73. Kalkhørbudding 158

74. Individuelle KeyKalk Cheesecakes 160

75. Kokos hindbær ostemasse 163

76. Creme med mandel og chokolade 165

77. Klassisk feriecreme 167

78. Chokoladecreme 169

79. Tzatziki 171

80. Cremet fransk løgdip 173

81. Grøn salat med ferskner og chèvre 175

82. Kokosflødeost 177

83. Pærecrêpes med macadamiaost 179

84. Honningkager Cookie Is Creme Sandwicher 181

85. Kulturet Vaniljeis 183

86. Græskartærteis 185

87. Sort Kirsebær Is Creme 187

88. Orange Cremesicle Cheesecake 189

89. Granatæble cheesecake 191

90. Sort Bær Cheesecake 193

91. Søde vaniljeferskn 195

MURER KRUKKE DRIKKER 197

92. Citron- og Agurkekøler 198

93. Vegansk Kefir 200

94. Sort te Kombucha 202

95. Afrikansk rød te Kombucha 205

96. Kultiverede Bloody Mary 208

97. Fersken Isd Tea 210

98. Vandmelon Agua Fresca 212

99. Blåbær Lemonade 214

100. Mango Lassi 216

KONKLUSION 218

INTRODUKTION

Velkommen til den vidunderlige verden af murerkrukker! Disse alsidige krukker er ikke kun til opbevaring af mad eller konservering af frugt og grøntsager. Faktisk kan de bruges til at lave en lang række lækre opskrifter, der er både praktiske og sunde. Uanset om du ønsker at forberede et måltid, pakke en frokost eller lave en dessert, er murerkrukker den perfekte løsning.

Denne kogebog indeholder over 100 kreative og nemme at følge opskrifter, der alle kan laves i murerkrukker. Fra morgenmad til aftensmad, og endda snacks og desserter, er der en opskrift til enhver lejlighed. Plus, at bruge murerkrukker betyder mindre spild og lettere rengøring!

Oplev glæderne ved at lægge ingredienser i lag for at skabe visuelt betagende salater og kornskåle, eller pisk en omgang havregryn op til en ubesværet morgenmad. Og lad os ikke glemme de uendelige muligheder for desserter, såsom individuelle portioner cheesecake eller brownies.

Med denne kogebog lærer du ins og outs at bruge murerkrukker til madlavning og tilberedning af måltider. Uanset om du er en garvet professionel eller ny i murerglasverdenen, vil du finde masser af inspiration og ideer til lækre og sunde måltider.

MURER KRUKKE MORGENMAD

1. Murer Krukke chia buddinger

ingredienser
- 1 ¼ kop 2% mælk
- 1 kop 2% almindelig græsk yoghurt
- ½ kop chiafrø
- 2 spsk honning
- 2 spsk sukker
- 1 spsk appelsinskal
- 2 tsk vaniljeekstrakt
- ¾ kop segmenterede appelsiner
- ¾ kop segmenterede mandariner
- ½ kop segmenteret grapefrugt

Vejbeskrivelse

a) I en stor skål piskes mælk, græsk yoghurt, chiafrø, honning, sukker, appelsinskal, vanilje og salt sammen, indtil det er godt blandet.
b) Fordel blandingen jævnt i fire (16-ounce) murerkrukker. Stil på køl natten over eller op til 5 dage.
c) Serveres koldt, toppet med appelsiner, mandariner og grapefrugt.

2. RainbowKalk Chia Pudding

ingredienser
- 1 ¼ kop 2% mælk
- 1 kop 2% almindelig græsk yoghurt
- ½ kop chiafrø
- 2 spsk honning
- 2 spsk sukker
- 2 tskKalkskal
- 2 spsk friskpressetKalksaft
- 1 tsk vaniljeekstrakt
- 1 kop hakkede jordbær og blåbær
- ½ kop mango i tern og ½ kop kiwi i tern

Vejbeskrivelse
a) I en stor skål piskes mælk, yoghurt, chiafrø, honning, sukker,Kalkskal,Kalksaft, vanilje og salt sammen, indtil det er godt blandet.
b) Fordel blandingen jævnt i fire (16-ounce) murerkrukker. Dæk til og stil på køl natten over eller op til 5 dage.
c) Serveres koldt, toppet med jordbær, mango, kiwi og blåbær.

3. Tropisk kokos chia budding

ingredienser
- 1 (13,5 ounce) dåse kokosmælk
- 1 kop 2% almindelig græsk yoghurt
- ½ kop chiafrø
- 2 spsk honning
- 2 spsk sukker
- 1 tsk vaniljeekstrakt
- Knip kosher salt
- 1 kop mango i tern
- 1 kop ananas i tern
- 2 spsk revet kokosnød

Vejbeskrivelse
a) I en stor skål piskes kokosmælk, yoghurt, chiafrø, honning, sukker, vanilje og salt sammen, indtil det er godt blandet.
b) Fordel blandingen jævnt i fire (16-ounce) murerkrukker. Dæk til og stil på køl natten over eller op til 5 dage.
c) Serveres koldt, toppet med mango og ananas og drysset med kokos.

4. Bær morgenmad parfait

Gør: 4

INGREDIENSER:
- 1½ kopper almindelig yoghurt med lavt fedtindhold
- 3 spsk honning
- 1½ kopper müsli morgenmadsprodukter eller granola med lavt natriumindhold og fedtfattigt
- 1½ kop blandede friske bær

VEJBESKRIVELSE

a) Sæt 4 parfaitglas, 8-ounce murerglas eller andre 8-ounce glas frem.

b) I en lille røreskål, kombiner yoghurt og honning og rør for at blande godt.

c) Hæld 2 spiseskefulde af yoghurtblandingen i bunden af hvert glas eller glas. Top med 2 spsk af korn, og derefter 2 spsk af frugten. Gentag indtil alle ingredienserne er brugt.

d) Server med det samme eller dæk til og stil parfaiterne på køl i op til 2 timer.

MURERKRUKE ELLEDNING

5. **Murer Krukke kylling og ramen suppe**

ingredienser
- 2 (5,6 ounce) pakker nedkølede yakisoba nudler
- 2 ½ spsk reduceret natrium vegetabilsk bouillon base koncentrat (vi kan lide bedre end bouillon)
- 1 ½ spsk sojasovs med reduceret natrium
- 1 spsk risvinseddike
- 1 spsk friskrevet ingefær
- 2 tsk sambal oelek (kværnet frisk chilipasta) eller mere efter smag
- 2 tsk sesamolie
- 2 kopper rester af revet rotisserie kylling
- 3 kopper babyspinat
- 2 gulerødder, skrællet og revet
- 1 kop shiitakesvampe i skiver
- ½ kop friske korianderblade
- 2 grønne løg, skåret i tynde skiver
- 1 tsk sesamfrø

Vejbeskrivelse

a) Kog yakisobaen i en stor gryde med kogende vand, indtil den er løsnet, 1 til 2 minutter; dræn godt af.

b) Kombiner bouillonbasen, sojasovsen, eddike, ingefær, sambal oelek og sesamolie i en lille skål.

c) Fordel bouillonblandingen i 4 (24-ounce) bredmundede glaskrukker med låg eller andre varmebestandige beholdere. Top med yakisoba, kylling, spinat, gulerødder, champignon, koriander, grønne løg og sesamfrø. Dæk til og stil på køl i op til 4 dage.

d) For at servere, afdæk en krukke og tilsæt nok varmt vand til at dække indholdet, ca. 1 ¼ kopper. Mikrobølgeovn, afdækket, indtil den er opvarmet, 2 til 3 minutter. Lad stå i 5 minutter, rør for at kombinere, og server straks.

6. **Murer krukke Bolognese**

ingredienser
- 2 spsk olivenolie
- 1 pund hakket oksekød
- 1 pund italiensk pølse, tarme fjernet
- 1 løg, hakket
- 4 fed hvidløg, hakket
- 3 (14,5 ounce) dåser hakkede tomater, drænet
- 2 (15-ounce) dåser tomatsauce
- 3 laurbærblade
- 1 tsk tørret oregano
- 1 tsk tørret basilikum
- ½ tsk tørret timian
- 1 tsk kosher salt
- ½ tsk friskkværnet sort peber
- 2 (16 ounce) pakker fedtfattig mozzarellaost, i tern
- 32 ounce ubehandlet fuldkornsfusilli, kogt i henhold til pakkens instruktioner; omkring 16 kopper kogt

Vejbeskrivelse

a) Varm olivenolien op i en stor stegepande ved middelhøj varme. Tilsæt hakkebøffer, pølse, løg og hvidløg. Kog indtil brunet, 5 til 7 minutter, og sørg for at smuldre oksekødet og pølsen, mens det tilberedes; dræn overskydende fedt.

b) Overfør hakkebøfblandingen til en 6-quart langsom komfur. Rør tomater, tomatsauce, laurbærblade, oregano, basilikum, timian, salt og peber i. Dæk til og kog ved svag varme i 7 timer og 45 minutter. Tag låget af og drej slowcookeren til høj. Fortsæt med at koge i 15 minutter, indtil saucen er tyknet. Kassér laurbærbladene og lad saucen køle helt af.

c) Fordel saucen i 16 (24-ounce) bredmundede glaskrukker med låg eller andre varmebestandige beholdere. Top med mozzarella og fusilli. Stil på køl i op til 4 dage.

d) For at servere, mikroovn, afdækket, indtil det er opvarmet, cirka 2 minutter. Rør for at kombinere.

7. **Murer Krukke lasagne**

ingredienser
- 3 lasagne nudler
- 1 spsk olivenolie
- ½ pund stødt mørbrad
- 1 løg, i tern
- 2 fed hvidløg, hakket
- 3 spsk tomatpure
- 1 tsk italiensk krydderi
- 2 (14,5 ounce) dåser hakkede tomater
- 1 mellemstor zucchini, revet
- 1 stor gulerod, revet
- 2 kopper strimlet babyspinat
- Kosher salt og friskkværnet sort peber efter smag
- 1 kop skummet ricottaost
- 1 kop revet mozzarellaost, delt
- 2 spsk hakkede friske basilikumblade

Vejbeskrivelse

a) I en stor gryde med kogende saltet vand koges pastaen efter pakkens anvisninger; dræn godt af. Skær hver nudel i 4 stykker; sæt til side.

b) Opvarm olivenolien i en stor stegepande eller hollandsk ovn over medium-høj varme. Tilsæt den malede mørbrad og løg og kog indtil brunet, 3 til 5 minutter, og sørg for at smuldre oksekødet, mens det koger; dræn overskydende fedt.

c) Rør hvidløg, tomatpuré og italiensk krydderi i, og kog indtil dufter, 1 til 2 minutter. Rør tomaterne i, reducer varmen, og lad dem simre, indtil de er lidt tykkere, 5 til 6 minutter. Rør zucchini, gulerod og spinat i og kog under jævnlig omrøring, indtil de er møre, 2 til 3 minutter. Smag til med salt og peber efter smag. Sæt sauce til side.

d) Kombiner ricottaen, ½ kop mozzarella og basilikum i en lille skål; smag til med salt og peber

e) Forvarm ovnen til 375 grader F. Olie let 4 (16-ounce) glaskrukker med bred mund og låg eller andre ovnsikre beholdere, eller overtræk med nonstick-spray.

f) Læg 1 pastastykke i hver krukke. Fordel en tredjedel af saucen i glassene. Gentag med et andet lag pasta og sauce. Top med ricottablanding, resterende pasta og resterende sauce. Drys med den resterende ½ kop mozzarellaost.

g) Sæt glassene på en bageplade. Placer i ovnen og bag indtil boblende, 25 til 30 minutter; afkøles helt. Stil på køl i op til 4 dage.

8. Murer krukke rødbeder og rosenkål korn skåle

ingredienser
- 3 mellemstore rødbeder (ca. 1 pund)
- 1 spsk olivenolie
- Kosher salt og friskkværnet sort peber efter smag
- 1 kop farro
- 4 kopper babyspinat eller grønkål
- 2 kopper rosenkål (ca. 8 ounces), skåret i tynde skiver
- 3 klementiner, skrællet og delt
- ½ kop pekannødder, ristede
- ½ kop granatæblekerner

Honning-Dijon rødvinsvinaigrette
- ¼ kop ekstra jomfru olivenolie
- 2 spsk rødvinseddike
- ½ skalotteløg, hakket
- 1 spsk honning
- 2 tsk fuldkornssennep
- Kosher salt og friskkværnet sort peber efter smag

Vejbeskrivelse

a) Forvarm ovnen til 400 grader F. Beklæd en bageplade med folie.
b) Læg rødbederne på folien, dryp med olivenolie, og krydr med salt og peber. Fold alle 4 sider af folien op for at lave en pose. Bages indtil gaffelmør, 35 til 45 minutter; lad afkøle, cirka 30 minutter.
c) Brug et rent køkkenrulle til at gnide rødbederne for at fjerne skindet; skæres i mundrette stykker.
d) Kog farroen efter anvisningen på pakken, og lad den derefter køle af.
e) Del rødbederne i 4 (32-ounce) glas med bred mund og låg. Top med spinat eller grønkål, farro, rosenkål, klementiner, pekannødder og granatæblekerner. Holder sig tildækket i køleskabet 3 eller 4 dage.
f) TIL VINAIGRETEN: Pisk olivenolie, eddike, skalotteløg, honning, sennep og 1 spsk vand sammen; smag til med salt og peber. Dæk til og stil på køl i op til 3 dage.
g) Til servering skal du tilføje vinaigretten til hver krukke og ryste. Server straks.

9. Murer Krukke broccolisalat

ingredienser
- 3 spsk 2% mælk
- 2 spsk olivenolie mayonnaise
- 2 spsk græsk yoghurt
- 1 spsk sukker eller mere efter smag
- 2 tsk æblecidereddike
- ½ kop cashewnødder
- ¼ kop tørrede tranebær
- ½ kop rødløg i tern
- 2 ounce cheddarost, skåret i tern
- 5 kopper groft hakkede broccolibuketter

Vejbeskrivelse

a) TIL DRESSEN: Pisk mælk, mayonnaise, yoghurt, sukker og eddike sammen i en lille skål.
b) Fordel dressingen i 4 (16 ounce) bredmundede glaskrukker med låg. Top med cashewnødder, tranebær, løg, ost og broccoli. Stil på køl i op til 3 dage.
c) For at servere skal du ryste indholdet af en krukke og servere med det samme.

10. Murer Krukke kyllingesalat

ingredienser
- 2 ½ kopper rester af revet rotisserie kylling
- ½ kop græsk yoghurt
- 2 spsk olivenolie mayonnaise
- ¼ kop rødløg i tern
- 1 stilk selleri i tern
- 1 spsk friskpresset citronsaft, eller mere efter smag
- 1 tsk hakket frisk estragon
- ½ tsk dijonsennep
- ½ tsk hvidløgspulver
- Kosher salt og friskkværnet sort peber efter smag
- 4 kopper strimlet grønkål
- 2 Granny Smith æbler, udkernede og hakkede
- ½ kop cashewnødder
- ½ kop tørrede tranebær

Vejbeskrivelse

a) I en stor skål kombineres kylling, yoghurt, mayonnaise, rødløg, selleri, citronsaft, estragon, sennep og hvidløgspulver; smag til med salt og peber.

b) Fordel kyllingeblandingen i 4 (24-ounce) bredmundede glaskrukker med låg. Top med grønkål, æbler, cashewnødder og tranebær. Stil på køl i op til 3 dage.

c) For at servere skal du ryste indholdet af en krukke og servere med det samme.

11. Murer krukke kinesisk kyllingesalat

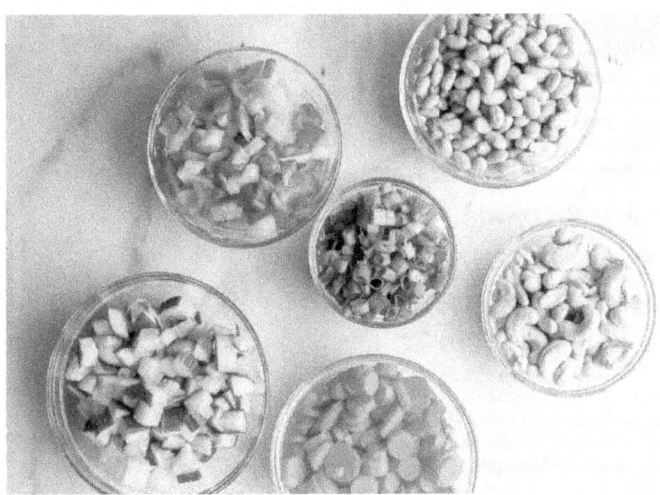

ingredienser
- ½ kop risvinseddike
- 2 fed hvidløg, presset
- 1 spsk sesamolie
- 1 spsk friskrevet ingefær
- 2 tsk sukker eller mere efter smag
- ½ tsk sojasovs med reduceret natrium
- 2 grønne løg, skåret i tynde skiver
- 1 tsk sesamfrø
- 2 gulerødder, skrællet og revet
- 2 kopper engelsk agurk i tern
- 2 kopper strimlet lilla kål
- 12 kopper hakket grønkål
- 1 ½ kopper tilovers hakket rotisserie kylling
- 1 kop wonton strimler

Vejbeskrivelse

a) TIL VINAIGRETEN: Pisk eddike, hvidløg, sesamolie, ingefær, sukker og sojasovs sammen i en lille skål. Fordel dressingen i 4 (32-ounce) bredmundede glaskrukker med låg.

b) Top med grønne løg, sesamfrø, gulerødder, agurk, kål, grønkål og kylling. Stil på køl i op til 3 dage. Opbevar wonton-strimlerne separat.

c) For at servere skal du ryste indholdet af en krukke og tilføje wonton-strimlerne. Server straks.

12. Murer Krukke niçoise salat

ingredienser
- 2 mellemstore æg
- 2 ½ kopper halverede grønne bønner
- 3 (7-ounce) dåser albacore tun pakket i vand, drænet og skyllet
- ¼ kop ekstra jomfru olivenolie
- 2 spsk rødvinseddike
- 2 spsk rødløg i tern
- 2 spsk hakket frisk persilleblade
- 1 spsk hakkede friske estragonblade
- 1½ tsk dijonsennep
- Kosher salt og friskkværnet sort peber efter smag
- 1 kop halverede Kirsebærtomater
- 4 kopper revet smørsalat
- 3 kopper rucola blade
- 12 Kalamata oliven
- 1 citron, skåret i tern (valgfrit)

Vejbeskrivelse

a) Læg æggene i en stor gryde og dæk med koldt vand med 1 tomme. Bring i kog og kog i 1 minut. Dæk gryden med et tætsluttende låg og tag af varmen; lad sidde i 8 til 10 minutter.

b) I mellemtiden blancherer du de grønne bønner i en stor gryde med kogende saltet vand, indtil de er lysegrønne, cirka 2 minutter. Dræn og afkøl i en skål med isvand. Dræn godt af. Dræn æggene og lad dem køle af, inden de pilles og skæres i halve på langs.

c) Kombiner tun, olivenolie, eddike, løg, persille, estragon og Dijon i en stor skål, indtil de lige er kombineret; smag til med salt og peber.

d) Fordel tunblandingen i 4 (32 ounce) bredmundede glaskrukker med låg. Top med grønne bønner, æg, tomater, smørsalat, rucola og oliven. Stil på køl i op til 3 dage.

e) For at servere skal du ryste indholdet af en krukke. Server med det samme, eventuelt med citronbåde.

13. Meget grøn Murer Krukke salat

ingredienser
- ¾ kop perlebyg
- 1 kop friske basilikumblade
- ¾ kop 2% græsk yoghurt
- 2 grønne løg, hakket
- 1 ½ spsk friskpressetKalksaft
- 1 fed hvidløg, pillet
- Kosher salt og friskkværnet sort peber efter smag
- ½ engelsk agurk, groft hakket
- 1 pund (4 små) zucchini, spiraliseret
- 4 kopper strimlet grønkål
- 1 kop frosne grønne ærter, optøet
- ½ kop smuldret fedtfattig fetaost
- ½ kop ærteskud
- 1Kalk skåret i tern (valgfrit)

Vejbeskrivelse

a) Kog byggen efter pakkens anvisninger; lad køle helt af og stil til side.

b) For at lave dressingen skal du kombinere basilikum, yoghurt, grønne løg,Kalksaft og hvidløg i skålen på en foodprocessor og smag til med salt og peber. Puls indtil glat, omkring 30 sekunder til 1 minut.

c) Fordel dressingen i 4 (32-ounce) brede glaskrukker med låg. Top med agurk, zucchininudler, byg, grønkål, ærter, feta og ærteskud. Stil på køl i op til 3 dage.

d) For at servere skal du ryste indholdet i en krukke. Server straks medKalkbåde, hvis det ønskes.

MURER KRUKKE SOUCER OG BULLING

14. Chimichurri sauce

INGREDIENSER:
- 1 kop let pakket frisk persille
- ¼ kop økologisk rødvinseddike
- 2 store fed hvidløg
- ¼ kop ekstra jomfru olivenolie
- 1 tsk tørret timian
- ½ tsk salt
- ¼ tsk rød peberflager
- ⅛ tsk friskkværnet sort peber
- ¼ kop Beef Bone Bouillon
- ¼ moden avocado

VEJBESKRIVELSE

a) Kom alle ingredienser i en foodprocessor, blend i cirka 30 sekunder eller indtil alle ingredienser er blandet godt sammen. Hvis den er for tynd efter din smag, så tilsæt mere avocado. Hvis det er for tykt, tilsæt mere oksebensbouillon.

b) Hæld chimichurri saucen i en 8-ounce Murer krukke. Dæk til og opbevar i køleskabet i op til 2 uger.

15. Oksebensbouillon

INGREDIENSER:
- 3-4 pund blandet græsfodret oksekødsben
- 2 mellemstore løg, hakket
- 2 mellemstore gulerødder, hakket
- 3 selleristængler, hakket
- 2 laurbærblade
- 2 spsk æblecidereddike
- 1 spsk pebernødder
- 8-10 kopper vand

VEJBESKRIVELSE
a) Forvarm ovnen til 400°F.
b) Læg de blandede ben i en bradepande i et enkelt lag og sæt det i ovnen. Rist knoglerne i 30 minutter. Vend ben og steg yderligere 30 minutter.
c) Mens knoglerne steger, hakkes gulerødder, løg og selleri. Du kommer til at kassere disse efter lange timers madlavning, så en groft hakke fungerer fantastisk!
d) Placer ristede ben, hakkede grøntsager, laurbærblade, æblecidereddike og peberkorn i en 6-quart crockpot. Dæk helt med vand.
e) Dæk til og kog på lavt niveau i 24 timer. Tilsæt vand efter behov for at holde alle ingredienserne dækket af vand og skum med jævne mellemrum skummet af toppen af gryden.
f) Efter 24 timer skal bouillonen have en mørkebrun farve. Kassér alle faste stoffer og si bouillonen gennem en finmasket si ned i en stor skål. Si en gang mere gennem ostelærred for at fjerne eventuelle resterende partikler, hvis det ønskes.
g) Hæld knoglebouillonen i Murer-glas og lad den køle af til stuetemperatur. Knoglebouillon kan opbevares i køleskabet i op til to uger eller fryses til fremtidig brug. Før brug skal du skumme det ophobede fedt af på overfladen.

16. Kiwi daiquiri marmelade

Giver: 4 portioner

INGREDIENSER:
- 5 Kiwifrugter, skrællet
- 3 kopper sukker
- ⅔ kop usødet ananasjuls
- ⅓ kop friskKalksaft
- 3 ounce flydende pektin
- Grøn madfarve, valgfri
- 4 spsk Rom

VEJBESKRIVELSE
a) Fyld kogevandsbeholderen med vand. Placer 4 rene halv-pint Murer krukker i dåsen. Dæk til, bring vandet i kog, og kog i mindst 10 minutter for at sterilisere krukker i højder op til 1000 ft.
b) Læg snaplåg i kogende vand, og kog i 5 minutter for at blødgøre tætningsmassen.
c) Mos kiwifrugter i en stor gryde af rustfrit stål eller emalje til en æblemos konsistens. Rør sukker, ananas ogKalksaft i.
d) Bring det hele i kog under omrøring, indtil sukkeret er opløst.
e) Under konstant omrøring, kog kraftigt i 2 minutter.
f) Fjern fra varmen, og rør pektin i. Fortsæt med at røre i 5 minutter for at forhindre, at frugten flyder. Rør rom i.
g) Hæld marmelade i en varm steriliseret krukke til inden for ¼ tomme fra den øverste kant.
h) Fjern luftbobler ved at skubbe en gummispatel mellem glas og mad, og juster hovedrummet til ¼ tomme. Tør krukkekanten af for at fjerne klæbrighed. Midter snaplåget på krukken, påfør skruebåndet lige indtil fingerspidsen strammes. Placer krukken i dåse. Gentag for den resterende marmelade.
i) Dæk dåsen til, bring vandet i kog, og kør i 5 minutter. Afkøl 24 timer. Tjek glassets tætninger.
j) Fjern skruebåndene. Tør glassene af, mærk dem og opbevar dem på et køligt mørkt sted.

17. Crock Pot Dulce de Leche

Gør: 16

INGREDIENSER:
- 2 (14-ounce) dåser sødet kondenseret mælk

VEJBESKRIVELSE

a) Fyld Murer-glassene til randen med sødet kondenseret mælk.
b) Skru lågene godt fast.
c) Placer oprejst i en langsom komfur.
d) Fyld gryden halvvejs med varmt postevand for at dække glassene.
e) Kog ved LAV i 8 til 10 timer.
f) Lad afkøling til stuetemperatur på bordet.
g) Stil på køl indtil det skal bruges.

18. Hot sauce i Louisiana-stil

GØR 16 OUNCES
Ingredienser:
- 1 pund (ca. 10) frisk cayenne- eller tabascopeber, opstammet
- 2 teskefulde ikke-jodiseret salt
- ½ kop hvidvinseddike eller hvidvinseddike
- 2 fed hvidløg

Rutevejledning:
a) Kombiner chili og salt i en blender eller foodprocessor. Blend, indtil der dannes en mos, og en lage slipper fra chilien.
b) Pak mosen i en ren krukke, og tryk den ned, indtil den naturlige saltlage dækker chilierne og efterlader mindst 1 tomme headspace.
c) Placer en cartouche, hvis du bruger, skru låget godt fast og opbevar glasset ved stuetemperatur væk fra direkte sollys for at gære i 2 uger. Bøvs krukken dagligt.
d) Når gæringen er færdig, kombineres mosen (inkluderet naturlig saltlage), eddike og hvidløg i en foodprocessor eller blender. Blend indtil saucen er så glat som muligt.
e) Opbevar den varme sauce i en lufttæt beholder i køleskabet i op til 1 år.

19. Chimichurri verde

GØR 8 OUNCES
Ingredienser:
- 2 kopper friskhakket persille
- 1 kop friskhakket koriander
- 2 spidskål, både hvide og grønne dele, hakket
- 4 fed hvidløg, hakket
- 1 frisk rød chili (såsom cayenne eller tabasco), opstammet og hakket
- 1½ teskefulde ikke-jodiseret salt
- ¼ kop rødvinseddike
- ¼ kop olivenolie, til servering

Rutevejledning:
a) I en røreskål kombineres persille, koriander, spidskål, hvidløg og rød chili. Drys med saltet. Brug dine hænder til at massere saltet ind i grøntsagerne. Lad det sidde i 10 minutter, så der kan dannes en lage.
a) Når den naturlige saltlage er frigivet, pakkes blandingen og saltlage i en ren krukke. Tryk blandingen ned, indtil saltlagen dækker grøntsagerne.
b) Placer en cartouche, hvis du bruger, skru låget godt fast og opbevar glasset ved stuetemperatur væk fra direkte sollys for at gære i 5 dage. Bøvs krukken dagligt.
c) Når gæringen er færdig, kombineres gæringen og rødvinseddiken i en blender eller foodprocessor. Blend indtil godt blandet.
d) Opbevar chimichurrien i køleskabet i op til 3 måneder. Når du er klar til servering, tilsæt 1 spiseskefuld olivenolie pr. ¼ kop chimichurri.

20. Ají amarillo sauce

GØR 16 OUNCES
Ingredienser:
Til pastaen
- 4 ounce (ca. 15) tørret ají amarillo peber, opstammet og revet i stykker
- 6 fed hvidløg
- 3 spidskål, både hvide og grønne dele, skåret i skiver
- 2½ kopper ikke-kloreret vand
- 2 spsk ikke-jodiseret salt
- 5 spskKalksaft
- 2 spsk reserveret saltlage

Til saucen
- 2 kopper ají amarillo pasta
- 1 kop inddampet mælk
- 1 kop queso fresco eller fetaost
- ¼ kop knuste kiks eller brødkrummer

Rutevejledning:
a) For at lave pastaen: Kombiner chili, hvidløg og spidskål i en ren krukke.
b) Lav en saltlage i en separat beholder ved at kombinere vandet og saltet.
c) Placer en vægt, hvis du bruger, og hæld saltlagen i krukken, så der er mindst 1 tomme headspace. Skru låget godt på, og opbevar glasset ved stuetemperatur væk fra direkte sollys for at gære i 10 dage. Bøvs krukken dagligt.
d) Når gæringen er afsluttet, si fermenteringen, og gem 2 spiseskefulde af saltlagen.
e) I en blender eller foodprocessor kombineres gæringen, Kalksaften og den reserverede saltlage. Blend indtil glat.
f) Opbevar pastaen i køleskabet i op til 6 måneder.
g) For at lave saucen: Kombiner ají amarillo-pastaen, inddampet mælk, ost og kiks eller brødkrummer i en blender eller foodprocessor.
h) Blend indtil glat.

21. Hvidløgsagtig grøn chilisauce

GØR 16 OUNCES
Ingredienser:
- 1 pund (ca. 6) frisk Hatch chili, opstammet
- 8 fed hvidløg
- 2 teskefulde ikke-jodiseret salt
- 2 tsk spidskommen frø
- 1 tsk malet oregano
- ¼ kop hvid eddike
- 1 spsk granuleret sukker

Rutevejledning:
a) Kombiner chili, hvidløg, salt, spidskommen og oregano i en blender eller foodprocessor. Blend indtil groft hakket og en naturlig saltlage er frigivet. Hæld blandingen i en ren krukke.
b) Placer en cartouche, hvis du bruger, skru låget godt fast og opbevar glasset ved stuetemperatur væk fra direkte sollys for at gære i 5 dage. Bøvs krukken dagligt.
c) Når gæringen er afsluttet, kombineres gæringen, eddike og sukker i en foodprocessor eller blender. Blend indtil glat.
d) Opbevar saucen i køleskabet i op til 1 år.

22. Chipotle varm sauce

GØR 16 OUNCES
Ingredienser:
- 2 ounce (ca. 15) tørret chipotle peber, opstammet
- 6 fed hvidløg
- ½ hvidt eller gult løg, halveret
- 2 kopper ikke-kloreret vand
- 1 spiseskefuld plus 1 tsk ikke-jodiseret salt
- ½ kop appelsinjuls
- ½ kop æblecidereddike
- ¼ kop reserveret saltlage
- 2 spsk tomatpure
- 1 spsk granuleret sukker
- 1 tsk spidskommen frø

Rutevejledning:
a) Kombiner chili, hvidløg og løg i en ren krukke.
b) Lav en saltlage i en separat beholder ved at kombinere vandet og saltet.
c) Placer en vægt, hvis du bruger, og hæld saltlagen i krukken, så der er mindst 1 tomme headspace. Skru låget godt på, og opbevar glasset ved stuetemperatur væk fra direkte sollys for at gære i 1 uge. Bøvs krukken dagligt.
d) Når gæringen er afsluttet, si fermenteringen og reserver ¼ kop af saltlagen.
e) Kombiner gæringen, appelsinjuls, eddike, lagret saltlage, tomatpuré, sukker og spidskommen i en blender eller foodprocessor. Blend indtil glat.
f) Opbevar saucen i køleskabet i op til 1 år.

23. Ají picante

GØR 16 OUNCES
Ingredienser:
- 1 ounce (ca. 4) frisk ají chirca eller habanero peber, opstammet og hakket
- 6 spidskål, både hvide og grønne dele, hakket
- 1 kop friskhakket koriander
- 2 mellemstore tomater, hakkede
- 1 spsk ikke-jodiseret salt
- 1 kop vand
- ¼ kop reserveret saltlage
- ¼ kop hvid eddike
- 2 spsk Kalksaft
- 2 tsk granuleret sukker
- ¼ kop avocado- eller solsikkeolie, til servering

Rutevejledning:
a) Kombiner chili, spidskål, koriander og tomater i en røreskål. Drys grøntsagerne med saltet.
b) Brug dine hænder til at massere saltet ind i grøntsagerne, indtil der begynder at dannes en lage. Lad grøntsagerne sidde i 30 minutter, eller indtil der er dannet nok saltlage til at dække ingredienserne i en krukke.
c) Pak mosen i en ren krukke, tryk den ned for at sikre, at saltlagen dækker mosen.
d) Placer en cartouche, hvis du bruger, skru låget godt fast og opbevar glasset ved stuetemperatur til gæring i 5 dage. Bøvs krukken dagligt.
e) Når gæringen er afsluttet, sigt mosen og gem ¼ kop af saltlagen.
f) Kombiner mosen, vandet, lagret saltlage, eddike, Kalksaft og sukker i en foodprocessor eller blender. Puls let, indtil det er blandet godt, men ikke pureret helt. For en lidt tykkere version kan du springe pulseringstrinnet over og blot blande ingredienserne i hånden.
g) Opbevar ají picante i en lufttæt beholder i køleskabet i op til 1 år.
h) Bland 1 spsk olie i pr. 1 kop sauce lige før servering.

24. Æbleeddike

Gør omkring ½ til 1 quart/liter
Ingredienser:
- ½ kop kokossukker
- 1 liter filtreret vand
- 4 æbler, kerner og skind medfølger

Rutevejledning:
a) Bland sukkeret og vandet i en kande eller et stort målebæger, rør om nødvendigt for at få sukkeret til at opløses.
b) Skær æblerne i kvarte, og skær derefter hvert stykke i halve. Placer æblestykker, kerner og skind inkluderet i en 1- til 2-liters krukke eller crock, efterlader omkring 1 til 2 inches i toppen af krukken.
c) Hæld sukker-vand-opløsningen over æblerne, efterlad ca. ¾ tomme i toppen af glasset. Æblerne vil flyde til toppen, og nogle vil ikke blive nedsænket, men det er okay.
d) Dæk åbningen med et par lag rent osteklæde, og sæt et elastikbånd rundt om mundingen af krukken eller crocket for at holde osteklædet på plads.
e) Fjern osteklædet hver dag, og rør rundt for at dække æblerne med sukker-vand-opløsningen, og dæk igen med osteklædet, når du er færdig. Du skal gøre hver dag for at sikre, at æblerne ikke bliver mugne under gæringsprocessen.
f) Efter to uger skal du si æblerne fra, mens du beholder væsken; du kan tilføje æblerne til din kompost. Hæld væsken i en flaske, og forsegl med et tætsluttende låg eller korkprop. Eddiken holder sig i cirka et år.
g) Skub dem gennem en elektrisk julsr for at lave æblejuls. Hvis du ikke har en julsr, skærer du bare æblerne i kvarte og purérer dem i en foodprocessor
h) skub æblekødet gennem en si eller muslinpose for at fjerne fibrene fra saften.
i) Hæld julsn i rene, mørke glaskander eller flasker uden at lægge låg på dem. Dæk toppen med et par lag ostelærred, og hold dem på plads med en elastik.
j) Opbevar flaskerne eller glassene på et køligt, mørkt sted i tre uger til seks måneder.

25. Ananas eddike

Gør omkring ½ til 1 quart/liter

Ingredienser:
a) ½ kop kokossukker
b) 1 liter filtreret vand
c) 1 mellemstor ananas

Rutevejledning:
a) Bland sukkeret og vandet i en kande eller et stort målebæger, rør om nødvendigt for at få sukkeret til at opløses.
b) Fjern skindet og kernehuset fra ananassen. Sæt kødet af frugten til side til anden brug. Hak skindet og kernehuset groft. Placer ananasrester i en 1- til 2-quart krukke eller crock, efterlader omkring 1 til 2 inches i toppen af krukken.
c) Hæld sukker-vand-opløsningen over ananasskindet og kernehuset, og efterlad ca. ¾ tomme i toppen af glasset. Stykkerne vil flyde til toppen, og nogle vil ikke blive nedsænket, men det er okay.
d) Dæk åbningen med et par lag rent osteklæde, og sæt et elastikbånd rundt om mundingen af krukken eller crocket for at holde osteklædet på plads.
e) Fjern osteklædet hver dag, og rør rundt for at dække ananasstykkerne med sukker-vand-opløsningen. Du skal gøre hver dag for at sikre, at ananasstykkerne ikke bliver mugne under gæringsprocessen.
f) Efter to uger sigtes ananasstykkerne af, mens væsken opbevares; du kan tilføje ananas til din kompost. Hæld væsken i en flaske, og forsegl med et tætsluttende låg eller korkprop. Eddiken holder sig i cirka et år.

MURERKRUKEGRØNT

26. Dild pickles

Ingredienser:
- 4 lbs. af 4-tommer syltede agurk
- 2 spiseskefulde dildfrø eller 4 til 5 hoveder frisk eller tør dild
- 1/2 kop salt
- 1/4 kop eddike (5%
- 8 kopper vand og en eller flere af følgende ingredienser:
- 2 fed hvidløg (valgfrit)
- 2 tørrede røde peberfrugter (valgfrit)
- 2 tsk hele blandede syltningskrydderier

Rutevejledning:

a) Vask agurker. Skær 1/16-tommer skive af blomsterenden og kassér. Lad 1/4-tommer stilk sidde fast. Læg halvdelen af dild og krydderier på bunden af en ren, passende beholder.

b) Tilsæt agurker, resterende dild og krydderier. Opløs salt i eddike og vand og hæld over agurker.

c) Tilføj passende betræk og vægt. Opbevares hvor temperaturen er mellem 70° og 75°F i omkring 3 til 4 uger under gæring. Temperaturer på 55° til 65°F er acceptable, men gæringen vil tage 5 til 6 uger.

d) Undgå temperaturer over 80°F, ellers bliver pickles for bløde under gæringen. Fermenterende pickles hærder langsomt. Tjek beholderen flere gange om ugen og fjern straks overfladeskum eller skimmelsvamp. Forsigtig: Hvis pickles bliver bløde, slimede eller udvikler en ubehagelig lugt, skal du kassere dem.

e) Fuldt fermenterede pickles kan opbevares i den originale beholder i omkring 4 til 6 måneder, forudsat at de er nedkølet, og overfladeudskud og skimmelsvampe fjernes regelmæssigt. At konservere fuldt fermenterede pickles er en bedre måde at opbevare dem på. For at dåse dem, hæld saltlagen i en gryde, opvarm langsomt til kog og lad det simre i 5 minutter. Filtrer saltlage gennem papirkaffefiltre for at reducere uklarhed, hvis det ønskes.

f) Fyld varm krukke med pickles og varm saltlage, efterlad 1/2-tommer headspace.

g) Fjern luftbobler og juster headspace om nødvendigt. Tør kanten af krukker af med et fugtigt rent køkkenrulle.

27. Sauerkraut

Ingredienser:
- 25 lbs. kål
- 3/4 kop konservesalt eller syltesalt

Udbytte: Cirka 9 liter
Rutevejledning:
a) Arbejd med omkring 5 pund kål ad gangen. Kassér de ydre blade. Skyl hovederne under koldt rindende vand og dræn. Skær hovederne i kvarte og fjern kernerne. Riv eller skær i en tykkelse på en kvart.
b) Kom kål i en passende gæringsbeholder og tilsæt 3 spsk salt. Bland grundigt med rene hænder. Pak den fast, indtil salt trækker saft fra kål.
c) Gentag rivning, saltning og pakning, indtil al kål er i beholderen. Sørg for, at den er dyb nok, så dens rand er mindst 4 eller 5 tommer over kålen. Hvis saft ikke dækker kål, tilsæt kogt og afkølet saltlage (1-1/2 spsk salt pr. liter vand).
d) Tilføj tallerken og vægte; dæk beholderen med et rent badehåndklæde.
e) Hvis du vejer kålen ned med en saltlagefyldt pose, skal du ikke forstyrre krukken, før normal gæring er afsluttet (når boblen ophører). Hvis du bruger krukker som vægt, skal du tjekke krauten to til tre gange om ugen og fjerne skum, hvis det dannes. Fuldgæret kraut kan opbevares tæt tildækket i køleskabet i flere måneder.
f) Fjern luftbobler og juster headspace om nødvendigt. Tør kanten af krukker af med et fugtigt rent køkkenrulle.

28. Brød-og-smør pickles

Ingredienser:
- 6 lbs. af 4- til 5-tommer syltede agurker
- 8 kopper løg i tynde skiver
- 1/2 kop konservesalt eller syltesalt
- 4 kopper eddike (5%)
- 4-1/2 dl sukker
- 2 spsk sennepsfrø
- 1-1/2 spsk selleri frø
- 1 spiseskefuld stødt gurkemeje
- 1 kop syltedeKalk

Udbytte: Cirka 8 pints

Rutevejledning:

a) Vask agurker. Skær 1/16-tommer af blomstenden og kassér. Skær i 3/16-tommer skiver. Kom agurker og løg sammen i en stor skål. Tilsæt salt. Dæk med 2 tommer knust eller is i terninger. Afkøl 3 til 4 timer, tilsæt mere is efter behov.

b) Bland de resterende ingredienser i en stor gryde. Kog 10 minutter. Dræn og tilsæt agurker og løg og varm langsomt op til kogning. Fyld varme fadglas med skiver og madlavningssirup, og efterlad 1/2-tommers headspace.

c) Fjern luftbobler og juster headspace om nødvendigt. Tør kanten af krukker af med et fugtigt rent køkkenrulle.

29. Dild pickles

Ingredienser:
- 8 lbs. af 3- til 5-tommer syltede agurker
- 2 liter vand
- 1-1/4 kopper konservesalt eller syltesalt
- 1-1/2 liter eddike (5%)
- 1/4 kop sukker
- 2 liter vand
- 2 spsk hele blandet syltningskrydderi
- ca 3 spsk hele sennepsfrø
- cirka 14 hoveder frisk dild

Udbytte: Cirka 7 til 9 pints

Rutevejledning:
a) Vask agurker. Skær 1/16-tommer skive af blomsterenden og kassér, men lad 1/4-tommer stilk sidde fast. Opløs 3/4 kop salt i 2 liter vand. Hæld over agurker og lad stå i 12 timer. Dræne.
b) Kombiner eddike, 1/2 kop salt, sukker og 2 liter vand. Tilsæt blandede syltede krydderier bundet i et rent hvidt klæde. Varm op til kogning. Fyld varme glas med agurker.
c) Tilsæt 1 tsk sennepsfrø og 1-1/2 hoved frisk dild pr. pint. Dæk med kogende sylteopløsning, efterlader 1/2-tommers hovedplads. Fjern luftbobler og juster headspace om nødvendigt. Tør kanten af krukker af med et fugtigt rent køkkenrulle.

30. Søde cornichon pickles

Ingredienser:
- 7 lbs. agurker (1-1/2 tomme eller mindre)
- 1/2 kop konservesalt eller syltesalt
- 8 kopper sukker
- 6 kopper eddike (5%)
- 3/4 tsk gurkemeje
- 2 tsk selleri frø
- 2 tsk hele blandet syltningskrydderi
- 2 kanelstænger
- 1/2 tsk fennikel (valgfrit)
- 2 tsk vanilje (valgfrit)

Udbytte: Omkring 6 til 7 pints

Rutevejledning:
a) Vask agurker. Skær 1/16-tommer skive af blomsterenden og kassér, men lad 1/4-tommer stilk sidde fast.
b) Læg agurker i en stor beholder og dæk med kogende vand. Seks til 8 timer senere, og igen på den anden dag, drænes og dækkes med 6 liter frisk kogende vand indeholdende 1/4 kop salt. På den tredje dag drænes og prikkes agurker med en bordgaffel.
c) Kombiner og bring i kog 3 kopper eddike, 3 kopper sukker, gurkemeje og krydderier. Hæld over agurker. Seks til 8 timer senere drænes og gemmes syltesiruppen. Tilsæt yderligere 2 kopper sukker og eddike hver, og opvarm igen til kog. Hæld over pickles.
d) På den fjerde dag drænes og gemmes sirup. Tilsæt yderligere 2 kopper sukker og 1 kop eddike. Varm op til kogning og hæld over pickles. Dræn og gem syltningssirup 6 til 8 timer senere. Tilsæt 1 kop sukker og 2 tsk vanilje og varm op til kogepunktet.
e) Fyld varme sterile halvlitersglas med pickles og dæk med varm sirup, så der er 1/2 tomme headspace.
f) Fjern luftbobler og juster headspace om nødvendigt. Tør kanten af krukker af med et fugtigt rent køkkenrulle.

31. 14-dages søde pickles

Ingredienser:
- 4 lbs. af 2- til 5-tommer syltede agurker
- 3/4 kop konservesalt eller syltesalt
- 2 tsk selleri frø
- 2 spsk blandede syltede krydderier
- 5-1/2 dl sukker
- 4 kopper eddike (5%)

Udbytte: Omkring 5 til 9 pints

Rutevejledning:
a) Vask agurker. Skær 1/16-tommer skive af blomsterenden og kassér, men lad 1/4-tommer stilk sidde fast. Placer hele agurker i en passende 1-gallon beholder.
b) Tilsæt 1/4 kop konservesalt eller syltesalt til 2 liter vand og bring det i kog. Hæld over agurker. Tilføj passende betræk og vægt.
c) Læg et rent håndklæde over beholderen og hold temperaturen på omkring 70°F. På den tredje og femte dag drænes saltvandet og kasseres. Skyl agurker og kom agurker tilbage i beholderen. Tilsæt 1/4 kop salt til 2 liter ferskvand og kog. Hæld over agurker.
d) Udskift dæksel og vægt, og dæk igen med et rent håndklæde. På den syvende dag drænes saltvandet og kasseres. Skyl agurker, dæksel og vægt.

32. Hurtige søde pickles

Ingredienser:
- 8 lbs. af 3- til 4-tommer syltede agurker
- 1/3 kop konservesalt eller syltesalt
- 4-1/2 dl sukker
- 3-1/2 kopper eddike (5%)
- 2 tsk selleri frø
- 1 spsk hel allehånde
- 2 spsk sennepsfrø
- 1 kop syltedeKalk (valgfrit)

Udbytte: Cirka 7 til 9 pints

Rutevejledning:
a) Vask agurker. Skær 1/16-tommer af blomstenden og kassér, men lad 1/4 tomme af stilken sidde fast. Skær eller skær i strimler, hvis det ønskes. Læg i skål og drys med 1/3 kop salt. Dæk med 2 tommer knust eller is i terninger.
b) Stil på køl 3 til 4 timer. Tilføj mere is efter behov. Dræn godt af.
c) Kombiner sukker, eddike, sellerifrø, allehånde og sennepsfrø i en 6-quart-kedel. Varm op til kogning.
d) Varm pakke – Tilsæt agurker og varm langsomt op, indtil eddikeopløsningen koger igen. Rør af og til for at sikre, at blandingen opvarmes jævnt. Fyld sterile krukker, efterlad 1/2-tommer headspace.
e) Rå pakke—Fyld varme glas, efterlad 1/2 tomme headspace. Tilsæt varm syltningssirup, efterlader 1/2-tommer headspace.
f) Fjern luftbobler og juster headspace om nødvendigt. Tør kanten af krukker af med et fugtigt rent køkkenrulle.

33. Syltede asparges

Ingredienser:
- 10 lbs. asparges
- 6 store fed hvidløg
- 4-1/2 dl vand
- 4-1/2 kopper hvid destilleret eddike (5%)
- 6 små peberfrugter (valgfrit)
- 1/2 kop konservesalt
- 3 tsk dildfrø

Udbytte: 6 pintglas med bred mund

Rutevejledning:
a) Vask asparges godt, men forsigtigt, under rindende vand. Skær stilke fra bunden for at efterlade spyd med spidser, at det ind i dåseglasset, hvilket efterlader lidt mere end 1/2-tommer headspace. Pil og vask hvidløgsfed.
b) Læg et fed hvidløg i bunden af hver krukke, og pak asparges tæt ind i varme krukker med de stumpe ender nedad. Kombiner vand, eddike, peberfrugt (valgfrit), salt og dildfrø i en 8-liters gryde.
c) Bring i kog. Læg en varm peber (hvis brugt) i hver krukke over aspargesspyd. Hæld kogende varm saltlage over spyd, så der er 1/2 tomme headspace.
d) Fjern luftbobler og juster headspace om nødvendigt. Tør kanten af krukker af med et fugtigt rent køkkenrulle.

34. Syltede dillede bønner

Ingredienser:
- 4 lbs. friske møre grønne eller gule bønner
- 8 til 16 hoveder frisk dild
- 8 fed hvidløg (valgfrit)
- 1/2 kop konservesalt eller syltesalt
- 4 kopper hvid eddike (5%)
- 4 kopper vand
- 1 tsk hot rød peber flager

Udbytte: Cirka 8 pints

Rutevejledning:

a) Vask og trim enderne fra bønner og skær til 4-tommer længder. Placer 1 til 2 dildhoveder og, hvis det ønskes, 1 fed hvidløg i hvert varmt sterilt halvlitersglas. Placer hele bønner oprejst i krukker, efterlader 1/2-tommer headspace.

b) Trim bønnerne for at sikre, at de er korrekte, hvis det er nødvendigt. Kombiner salt, eddike, vand og peberflager (hvis det ønskes). Bring i kog. Tilføj varm opløsning til bønner, efterlader 1/2-tommer headspace.

c) Fjern luftbobler og juster headspace om nødvendigt. Tør kanten af krukker af med et fugtigt rent køkkenrulle.

35. Syltet tre-bønne salat

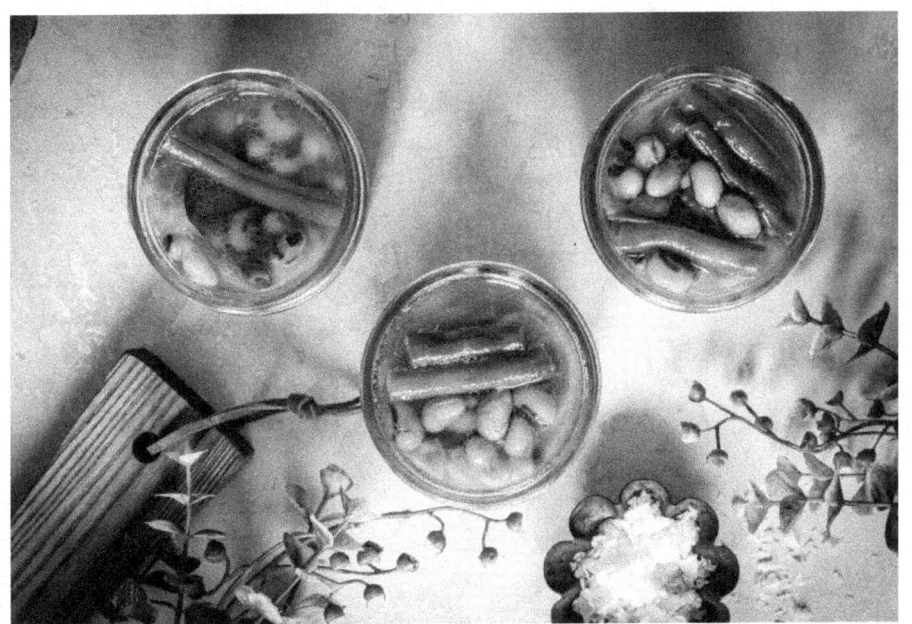

Ingredienser:
- 1-1/2 kopper blancherede grønne/gule bønner
- 1-1/2 kopper drænede, røde kidneybønner på dåse
- 1 kop drænede garbanzobønner på dåse
- 1/2 kop pillede og tynde skiver løg
- 1/2 kop trimmet og tyndt skåret selleri
- 1/2 kop grøn peberfrugt i skiver
- 1/2 kop hvid eddike (5%)
- 1/4 kop citronsaft på flaske
- 3/4 kop sukker
- 1/4 kop olie
- 1/2 tsk konservesalt eller syltesalt
- 1-1/4 dl vand

Udbytte: Cirka 5 til 6 halve pints

Rutevejledning:
a) Vask og snap af enderne af friske bønner. Skær eller snap i 1- til 2-tommers stykker.
b) Blancher 3 minutter og afkøl straks. Skyl kidneybønner med postevand og dræn igen. Forbered og mål alle andre grøntsager.
c) Kombiner eddike, citronsaft, sukker og vand og bring det i kog. Fjern fra varmen.
d) Tilsæt olie og salt og bland godt. Tilsæt bønner, løg, selleri og grøn peber til opløsningen og bring det i kog.
e) Mariner 12 til 14 timer i køleskabet, opvarm derefter hele blandingen til kog. Fyld varme krukker med faste stoffer. Tilføj varm væske, efterlader 1/2-tommer headspace.
f) Fjern luftbobler og juster headspace om nødvendigt. Tør kanten af krukker af med et fugtigt rent køkkenrulle.

36. Syltede rødbeder

Ingredienser:
- 7 lbs. af 2- til 2-1/2-tommers diameter rødbeder
- 4 kopper eddike (5%)
- 1-1/2 tsk konservesalt eller syltningssalt
- 2 kopper sukker
- 2 kopper vand
- 2 kanelstænger
- 12 hele nelliker
- 4 til 6 løg (2- til 2-1/2-tommer diameter),

Udbytte: Cirka 8 pints

Rutevejledning:
a) Trim af roetoppe, efterlad 1 tomme stilk og rødder for at forhindre blødning af farve.
b) Vask grundigt. Sorter efter størrelse. Dæk lignende størrelser sammen med kogende vand og kog indtil de er møre (ca. 25 til 30 minutter). Forsigtig: Dræn og kassér væske. Kølige rødbeder. Trim af rødder og stilke og slip af skind. Skær i 1/4-tommers skiver. Pil og skær løg i tynde skiver.
c) Kombiner eddike, salt, sukker og ferskvand. Kom krydderier i ostelærredspose og tilsæt eddikeblandingen. Bring i kog. Tilsæt rødbeder og løg. Kog i 5 minutter. Fjern krydderiposen.
d) Fyld varme krukker med rødbeder og løg, efterlad 1/2-tommer headspace. Tilføj varm eddikeopløsning, så 1/2-tommer headspace.
e) Fjern luftbobler og juster headspace om nødvendigt. Tør kanten af krukker af med et fugtigt rent køkkenrulle.

37. Syltede gulerødder

Ingredienser:
- 2-3/4 lbs. skrællede gulerødder
- 5-1/2 kopper hvid eddike (5%)
- 1 kop vand
- 2 kopper sukker
- 2 tsk konservesalt
- 8 teskefulde sennepsfrø
- 4 tsk selleri frø

Udbytte: Cirka 4 pints

Rutevejledning:
- Vask og skræl gulerødder. Skær i runder, der er cirka 1/2 tomme tykke.
- Kombiner eddike, vand, sukker og konservesalt i en 8 liter hollandsk ovn eller gryde. Bring i kog og kog i 3 minutter. Tilsæt gulerødder og bring det i kog igen. Skru derefter ned for varmen, og opvarm indtil halvkogt (ca. 10 minutter).
- Læg i mellemtiden 2 tsk sennepsfrø og 1 tsk sellerifrø i hver tomme varme halvliters krukke. Fyld krukker med varme gulerødder, efterlad 1-tommer headspace. Fyld med varm bejdsevæske, efterlad 1/2-tommers headspace.
- Fjern luftbobler og juster headspace om nødvendigt. Tør kanten af krukker af med et fugtigt rent køkkenrulle.

38. Syltet blomkål/Bruxelles

Ingredienser:
- 12 kopper 1- til 2-tommer blomkålsblomster eller små rosenkål
- 4 kopper hvid eddike (5%)
- 2 kopper sukker
- 2 kopper løg i tynde skiver
- 1 kop sød rød peberfrugt i tern
- 2 spsk sennepsfrø
- 1 spsk selleri frø
- 1 tsk gurkemeje
- 1 tsk varm rød peber søer

Udbytte: Cirka 9 halve pints

Rutevejledning:

a) Vask blomkålsblomster eller rosenkål og kog i saltvand (4 teskefulde konservesalt pr. gallon vand) i 3 minutter for blomkål og 4 minutter for rosenkål. Dræn og afkøl.

b) Kom eddike, sukker, løg, rød peber i tern og krydderier i en stor gryde. Bring det i kog og lad det simre i 5 minutter.

c) Fordel løg og peberfrugt i tern mellem glassene. Fyld varme krukker med stykker og syltningsopløsning, så der er 1/2 tomme hovedplads.

d) Fjern luftbobler og juster headspace om nødvendigt. Tør kanten af krukker af med et fugtigt rent køkkenrulle.

39. Chayote og jicama slaw

Ingredienser:
- 4 kopper julienned jicama
- 4 kopper julieneret chayote
- 2 kopper hakket rød peberfrugt
- 2 hakkede peberfrugter
- 2-1/2 dl vand
- 2-1/2 kopper cidereddike (5%)
- 1/2 kop hvidt sukker
- 3-1/2 tsk konservesalt
- 1 tsk selleri frø (valgfrit)

Udbytte: Ca. 6 halve pints

Rutevejledning:
a) Forsigtig: Bær plastik- eller gummihandsker og rør ikke dit ansigt, mens du håndterer eller skærer peberfrugter. Hvis du ikke bruger handsker, skal du vaske hænderne grundigt med vand og sæbe, før du rører ved dit ansigt eller øjne.
b) Vask, skræl og tynd julienne jicama og chayote, kassér frøene fra chayoten. I en 8-quart hollandsk ovn eller gryde kombineres alle ingredienser undtagen chayote. Bring i kog og kog i 5 minutter.
c) Reducer varmen til at simre og tilsæt chayote. Bring det i kog igen og sluk derefter for varmen. Fyld varme faste stoffer i varme halv-pint krukker, efterlad 1/2-tommer headspace.
d) Dæk med kogende kogevæske, efterlader 1/2-tommer headspace.
e) Fjern luftbobler og juster headspace om nødvendigt. Tør kanten af krukker af med et fugtigt rent køkkenrulle.

40. Brød-og-smør syltet jicama

Ingredienser:
- 14 kopper jicama i tern
- 3 kopper løg i tynde skiver
- 1 kop hakket rød peberfrugt
- 4 kopper hvid eddike (5%)
- 4-1/2 dl sukker
- 2 spsk sennepsfrø
- 1 spsk selleri frø
- 1 tsk stødt gurkemeje

Udbytte: Cirka 6 pints

Rutevejledning:

a) Kombiner eddike, sukker og krydderier i en 12 liter hollandsk ovn eller stor gryde. Rør rundt og bring det i kog. Rør forberedt jicama, løgskiver og rød peberfrugt i. Bring det i kog, reducer varmen og lad det simre i 5 minutter. Rør af og til.

b) Fyld varme faste stoffer i varme halvlitersglas, og efterlad 1/2 tomme headspace. Dæk med kogende kogevæske, efterlader 1/2-tommer headspace.

c) Fjern luftbobler og juster headspace om nødvendigt. Tør kanten af krukker af med et fugtigt rent køkkenrulle.

41. Marinerede hele svampe

Ingredienser:
- 7 lbs. små hele svampe
- 1/2 kop citronsaft på flaske
- 2 kopper oliven- eller salatolie
- 2-1/2 kopper hvid eddike (5%)
- 1 spsk oregano blade
- 1 spiseskefuld tørrede basilikumblade
- 1 spsk konservesalt eller syltesalt
- 1/2 kop hakkede løg
- 1/4 kop pimiento i tern
- 2 fed hvidløg, skåret i kvarte
- 25 sorte peberkorn

Udbytte: Cirka 9 halve pints

Rutevejledning:
a) Vælg meget friske uåbnede svampe med hætter mindre end 1-1/4 tomme i diameter. Vask. Klip stilke, efterlad 1/4 tomme fastgjort til hætten. Tilsæt citronsaft og vand, så det dækker. Bring i kog. Kog i 5 minutter. Dræn svampe.
b) Bland olivenolie, eddike, oregano, basilikum og salt i en gryde. Rør løg og pimiento i og varm op til kogning.
c) Læg 1/4 fed hvidløg og 2-3 peberkorn i en halv liters krukke. Fyld varme krukker med svampe og varm, godt blandet olie/eddikeopløsning, efterlad 1/2 tomme headspace.
d) Fjern luftbobler og juster headspace om nødvendigt. Tør kanten af krukker af med et fugtigt rent køkkenrulle.

42. Syltet dille okra

ingredienser
- 7 lbs. små okra bælg
- 6 små peberfrugter
- 4 tsk dildfrø
- 8 til 9 fed hvidløg
- 2/3 kop konservesalt eller syltesalt
- 6 kopper vand
- 6 kopper eddike (5%)

Udbytte: Omkring 8 til 9 pints

Rutevejledning:
- Vask og trim okra. Fyld varme krukker fast med hel okra, efterlad 1/2 tomme headspace. Læg 1 fed hvidløg i hver krukke.
- Kom salt, peberfrugt, dildfrø, vand og eddike i en stor gryde og bring det i kog. Hæld varm bejdseopløsning over okra, efterlad 1/2-tommer headspace.
- Fjern luftbobler og juster headspace om nødvendigt. Tør kanten af krukker af med et fugtigt rent køkkenrulle.

43. Syltede perleløg

Ingredienser:
- 8 kopper pillede hvide perleløg
- 5-1/2 kopper hvid eddike (5%)
- 1 kop vand
- 2 tsk konservesalt
- 2 kopper sukker
- 8 teskefulde sennepsfrø
- 4 tsk selleri frø

Udbytte: Cirka 3 til 4 pints

Rutevejledning:
a) For at skrælle løg skal du lægge et par stykker ad gangen i en trådnetkurv eller -si, dyppe dem i kogende vand i 30 sekunder, fjerne dem og lægge dem i koldt vand i 30 sekunder. Skær en 1/16th-tommer skive fra rodenden, og fjern derefter skrællen og skær 1/16th-inch fra den anden ende af løget.
b) Kombiner eddike, vand, salt og sukker i en 8 liter hollandsk ovn eller gryde. Bring i kog og kog i 3 minutter.
c) Tilsæt pillede løg og bring det i kog igen. Reducer varmen til et simre og varm op, indtil det er halvkogt (ca. 5 minutter).
d) I mellemtiden placeres 2 tsk sennepsfrø og 1 tsk sellerifrø i hver tom varm halvliters krukke. Fyld med varme løg, efterlader 1-tommer headspace. Fyld med varm bejdsevæske, efterlad 1/2-tommers headspace.
e) Fjern luftbobler og juster headspace om nødvendigt. Tør kanten af krukker af med et fugtigt rent køkkenrulle.

44. Marineret peberfrugt

Ingredienser:
- Klokke, ungarsk, banan eller jalapeño
- 4 lbs. faste peberfrugter
- 1 kop citronsaft på flaske
- 2 kopper hvid eddike (5%)
- 1 spsk oregano blade
- 1 kop oliven- eller salatolie
- 1/2 kop hakkede løg
- 2 fed hvidløg i kvarte (valgfrit)
- 2 spiseskefulde tilberedt peberrod (valgfrit)

Udbytte: Cirka 9 halve pints

Rutevejledning:

a) Vælg din yndlingspeber. Forsigtig: Hvis du vælger varm peber, skal du bære plastik- eller gummihandsker og ikke røre dit ansigt, mens du håndterer eller skærer peber.

b) Vask, skær to til fire slidser i hver peberfrugt, og blancher i kogende vand eller vabelskind på hårdhudet peberfrugt ved hjælp af en af disse to metoder:

c) Ovn- eller slagtekyllingemetode til at blære skind – Placer peberfrugter i en varm ovn (400°F) eller under en slagtekylling i 6 til 8 minutter, indtil skindet bliver blæret.

d) Range-top-metode til at blære skind – Dæk varm brænder (enten gas eller elektrisk) med kraftigt trådnet.

e) Sæt peberfrugter på brænderen i flere minutter, indtil skindet bliver blæret.

f) Efter blærer i skindet, læg peberfrugt i en gryde og dæk med et fugtigt klæde. (Dette vil gøre det lettere at skrælle peberfrugterne.) Afkøl flere minutter; skræl af skind. Flad hele peberfrugter.

g) Bland alle de resterende ingredienser i en gryde og varm op til kogepunktet. Placer 1/4 fed hvidløg (valgfrit) og 1/4 tsk salt i hver varm halvliters krukke eller 1/2 tsk pr. pint. Fyld varme glas med peberfrugt. Tilsæt varm, godt blandet olie/bejdseopløsning over peberfrugter, efterlader 1/2-tommer headspace.

h) Fjern luftbobler og juster headspace om nødvendigt. Tør kanten af krukker af med et fugtigt rent køkkenrulle.

45. Syltede peberfrugter

Ingredienser:
- 7 lbs. peberfrugter
- 3-1/2 dl sukker
- 3 kopper eddike (5%)
- 3 kopper vand
- 9 fed hvidløg
- 4-1/2 tsk konservesalt eller syltesalt

Udbytte: Cirka 9 pints

Rutevejledning:
a) Vask peberfrugt, skær i kvarte, fjern kerner og kerner, og skær eventuelle pletter væk. Skær peberfrugt i strimler. Kog sukker, eddike og vand i 1 minut.
b) Tilsæt peberfrugt og bring det i kog. Placer 1/2 fed hvidløg og 1/4 tsk salt i hver varm steril halvliters krukke; fordoble mængderne for pintglas.
c) Tilsæt peberstrimler og dæk med varm eddikeblanding, efterlad 1/2-tommer

46. Syltede varme peberfrugter

Ingredienser:
- Ungarsk, banan, chile, jalapeño
- 4 lbs. varme lange røde, grønne eller gule peberfrugter
- 3 lbs. sød rød og grøn peber, blandet
- 5 kopper eddike (5%)
- 1 kop vand
- 4 teskefulde konservesalt eller syltesalt
- 2 spsk sukker
- 2 fed hvidløg

Udbytte: Cirka 9 pints

Rutevejledning:
a) Forsigtig: Bær plastik- eller gummihandsker og rør ikke dit ansigt, mens du håndterer eller skærer peberfrugter. Hvis du ikke bruger handsker, skal du vaske hænderne grundigt med vand og sæbe, før du rører ved dit ansigt eller øjne.
b) Vask peberfrugter. Hvis små peberfrugter efterlades hele, skæres 2 til 4 slidser i hver. Kvart store peberfrugter.
c) Blancher i kogende vand eller blister skind på hårdhudet peberfrugt ved hjælp af en af disse to metoder:
d) Ovn- eller slagtekyllingemetode til at blære skind – Placer peberfrugter i en varm ovn (400°F) eller under en slagtekylling i 6 til 8 minutter, indtil skindet bliver blæret.
e) Range-top-metode til at blære skind – Dæk varm brænder (enten gas eller elektrisk) med kraftigt trådnet.
f) Sæt peberfrugter på brænderen i flere minutter, indtil skindet bliver blæret.
g) Efter blærer i skindet, læg peberfrugt i en gryde og dæk med et fugtigt klæde. (Dette vil gøre det lettere at skrælle peberfrugterne.) Afkøl flere minutter; skræl af skind. Flad små peberfrugter ud. Kvart store peberfrugter. Fyld varme krukker med peberfrugt, efterlad 1/2-tommer headspace.
h) Bland og opvarm de øvrige ingredienser til kogning og lad det simre i 10 minutter. Fjern hvidløg. Tilføj varm syltningsopløsning over peberfrugter, efterlader 1/2-tommer headspace.
i) Fjern luftbobler og juster headspace om nødvendigt. Tør kanten af krukker af med et fugtigt rent køkkenrulle.

47. Syltede jalapeño peberringe

Ingredienser:
- 3 lbs. jalapeño peber
- 1-1/2 dl syltendeKalk
- 1-1/2 liter vand
- 7-1/2 kopper cidereddike (5%)
- 1-3/4 kopper vand
- 2-1/2 spsk konservesalt
- 3 spsk selleri frø
- 6 spiseskefulde sennepsfrø

Udbytte: Cirka 6 halvliters glas

Rutevejledning:
- Forsigtig: Bær plastik- eller gummihandsker og rør ikke dit ansigt, mens du håndterer eller skærer peberfrugter.
- Vask peberfrugter godt og skær i 1/4-tommer tykke skiver. Kassér stammeenden.
- Bland 1-1/2 kopper bejdselime med 1-1/2 liter vand i en plastbeholder af rustfrit stål, glas eller fødevaregodkendt. Undgå at indånde kalkstøv, mens kalk-vand-opløsningen blandes.
- Læg peberskiver i blød iKalkvandet i køleskabet i 18 timer, under omrøring af og til (12 til 24 timer kan bruges). DrænKalkopløsning fra gennemblødte peberringe.
- Skyl peberfrugter forsigtigt, men grundigt med vand. Dæk peberringe med frisk koldt vand og læg dem i blød i køleskabet i 1 time. Dræn vandet fra peberfrugten. Gentag skylnings-, iblødsætnings- og afdrypningstrinene to gange mere. Dræn grundigt til sidst.
- Læg 1 spsk sennepsfrø og 1-1/2 tsk sellerifrø i bunden af hver varm halvliters krukke. Pak drænede peberringe ind i glassene, så der er 1/2 tomme headspace. Bring cidereddike, 1-3/4 dl vand og konservesalt i kog ved høj varme. Hæld kogende varm saltlageopløsning over peberringe i krukker, efterlader 1/2-tommers headspace.
- Fjern luftbobler og juster headspace om nødvendigt. Tør kanten af krukker af med et fugtigt rent køkkenrulle.

48. Syltede gule peberringe

Ingredienser:
- 2-1/2 til 3 lbs. gul (banan) peberfrugt
- 2 spsk selleri frø
- 4 spiseskefulde sennepsfrø
- 5 kopper cidereddike (5%)
- 1-1/4 dl vand
- 5 tsk konservesalt

Udbytte: Cirka 4 halvliters glas

Rutevejledning:
a) Vask peberfrugter godt og fjern stilkens ende; skær peberfrugter i 1/4-tommer tykke ringe. Læg 1/2 spsk sellerifrø og 1 spsk sennepsfrø i bunden af hver tom, varm halvliters krukke.
b) Fyld peberringe i krukker, efterlad 1/2-tommers hovedplads. Kombiner cidereddike, vand og salt i en 4-quart hollandsk ovn eller gryde; varme til kogning. Dæk peberringe med kogende syltningsvæske, efterlader 1/2-tommers headspace.
c) Fjern luftbobler og juster headspace om nødvendigt. Tør kanten af krukker af med et fugtigt rent køkkenrulle.

49. Syltede søde grønne tomater

Ingredienser:
- 10 til 11 lbs. af grønne tomater
- 2 kopper snittede løg
- 1/4 kop konservesalt eller syltesalt
- 3 kopper brun farin
- 4 kopper eddike (5%)
- 1 spiseskefuld sennepsfrø
- 1 spsk allehånde
- 1 spsk selleri frø
- 1 spiseskefuld hele nelliker

Udbytte: Cirka 9 pints
Rutevejledning:
a) Vask og skær tomater og løg i skiver. Placer i skål, drys med 1/4 kop salt, og lad stå i 4 til 6 timer. Dræne. Varm og rør sukker i eddike, indtil det er opløst.
b) Bind sennepsfrø, allehånde, sellerifrø og nelliker i en krydderipose. Tilsæt til eddike med tomater og løg. Hvis det er nødvendigt, tilsæt minimum vand for at dække stykkerne. Bring i kog og lad det simre i 30 minutter, omrør efter behov for at forhindre forbrænding. Tomater skal være møre og gennemsigtige, når de er korrekt kogt.
c) Fjern krydderiposen. Fyld den varme krukke med faste stoffer og dæk med varm bejdseopløsning, så der efterlades 1/2 tomme headspace.
d) Fjern luftbobler og juster headspace om nødvendigt. Tør kanten af krukker af med et fugtigt rent køkkenrulle.

50. Syltede blandede grøntsager

Ingredienser:
- 4 lbs. af 4- til 5-tommer syltede agurker
- 2 lbs. pillede og snittede små løg
- 4 kopper skåret selleri (1-tommers stykker)
- 2 kopper skrællede og skåret gulerødder (1/2-tommer stykker)
- 2 kopper skåret søde røde peberfrugter (1/2-tommers stykker)
- 2 kopper blomkålsblomster
- 5 kopper hvid eddike (5%)
- 1/4 kop forberedt sennep
- 1/2 kop konservesalt eller syltesalt
- 3-1/2 dl sukker
- 3 spsk selleri frø
- 2 spsk sennepsfrø
- 1/2 tsk hele nelliker
- 1/2 tsk stødt gurkemeje

Udbytte: Cirka 10 pints

Rutevejledning:

a) Kombiner grøntsager, dæk med 2 inches af terninger eller knust is, og køl 3 til 4 timer. Kombiner eddike og sennep i en 8-quart-kedel og bland godt. Tilsæt salt, sukker, sellerifrø, sennepsfrø, nelliker, gurkemeje. Bring i kog. Dræn grøntsagerne og tilsæt til varm sylteopløsning.

b) Dæk til og bring langsomt i kog. Dræn grøntsagerne, men gem sylteopløsningen. Fyld grøntsager i varme sterile pintglas eller varme kvarts, efterlad 1/2-tommers headspace. Tilføj bejdseopløsning, efterlad 1/2-tommer headspace.

c) Fjern luftbobler og juster headspace om nødvendigt. Tør kanten af krukker af med et fugtigt rent køkkenrulle.

51. Syltede brød-og-smør zucchini

Ingredienser:
- 16 kopper frisk zucchini, skåret i skiver
- 4 kopper løg, skåret i tynde skiver
- 1/2 kop konservesalt eller syltesalt
- 4 kopper hvid eddike (5%)
- 2 kopper sukker
- 4 spiseskefulde sennepsfrø
- 2 spsk selleri frø
- 2 tsk stødt gurkemeje

Udbytte: Omkring 8 til 9 pints

Rutevejledning:
c) Dæk zucchini og løgskiver med 1 tomme vand og salt. Lad stå i 2 timer og dræn grundigt. Bland eddike, sukker og krydderier. Bring i kog og tilsæt zucchini og løg. Kog 5 minutter og dårligt varme glas med blanding og bejdseopløsning, efterlader 1/2-tommer headspace.
d) Fjern luftbobler og juster headspace om nødvendigt. Tør kanten af krukker af med et fugtigt rent køkkenrulle.

52. Chayote og pære relish

Ingredienser:
- 3-1/2 kopper skrællet chayote i terninger
- 3-1/2 kopper skrællede Seckel-pærer i tern
- 2 kopper hakket rød peberfrugt
- 2 kopper hakket gul peberfrugt
- 3 kopper hakket løg
- 2 Serrano peberfrugter, hakket
- 2-1/2 kopper cidereddike (5%)
- 1-1/2 dl vand
- 1 kop hvidt sukker
- 2 tsk konservesalt
- 1 tsk stødt allehånde
- 1 tsk stødt græskartærtekrydderi

Udbytte: Cirka 5 halvliters glas

Rutevejledning:
a) Vask, skræl og skær chayote og pærer i 1/2-tommers terninger, kassér kerner og frø. Hak løg og peberfrugt. Kom eddike, vand, sukker, salt og krydderier i en hollandsk ovn eller stor gryde. Bring i kog under omrøring for at opløse sukker.
b) Tilsæt hakket løg og peberfrugt; bring det i kog og kog i 2 minutter under omrøring af og til.
c) Tilsæt chayote i tern og pærer; vend tilbage til kogepunktet og sluk for varmen. Fyld de varme faste stoffer i varme fadglas, og efterlad 1-tommers headspace. Dæk med kogende kogevæske, efterlader 1/2-tommers hovedplads.
d) Fjern luftbobler og juster headspace om nødvendigt. Tør kanten af krukker af med et fugtigt rent køkkenrulle.

53. Piccalilli

Ingredienser:
- 6 kopper hakkede grønne tomater
- 1-1/2 kopper hakket sød rød peberfrugt
- 1-1/2 kopper hakket grøn peberfrugt
- 2-1/4 kopper hakkede løg
- 7-1/2 kopper hakket kål
- 1/2 kop konservesalt eller syltesalt
- 3 spsk hele blandet syltningskrydderi
- 4-1/2 kopper eddike (5%)
- 3 kopper brun farin

Udbytte: Cirka 9 halve pints

Rutevejledning:
a) Vask, hak og kombiner grøntsager med 1/2 kop salt. Dæk med varmt vand og lad stå i 12 timer. Dræn og tryk en ren hvid klud ind for at fjerne al mulig væske. Bind krydderier løst i en krydderipose og tilsæt kombineret eddike og brun farin og varm op i en gryde.
b) Tilsæt grøntsager og kog forsigtigt i 30 minutter eller indtil mængden af blandingen er reduceret til det halve. Fjern krydderiposen.
c) Fyld varme sterile krukker med varm blanding, efterlad 1/2 tomme headspace.
d) Fjern luftbobler og juster headspace om nødvendigt. Tør kanten af krukker af med et fugtigt rent køkkenrulle.

54. Pickle relish

Ingredienser:
- 3 liter hakkede agurker
- 3 kopper hver hakket sød grøn og rød peberfrugt
- 1 kop hakkede løg
- 3/4 kop konservesalt eller syltesalt
- 4 kopper is
- 8 kopper vand
- 2 kopper sukker
- 4 teskefulde hver sennepsfrø, gurkemeje, hele allehånde og hele nelliker
- 6 kopper hvid eddike (5%)

Udbytte: Cirka 9 pints

Rutevejledning:
a) Tilsæt agurker, peberfrugt, løg, salt og is til vandet og lad det stå i 4 timer. Dræn og dæk grøntsagerne igen med frisk isvand i endnu en time. Dræn igen.
b) Kom krydderier i en krydderi- eller osteklædepose. Tilsæt krydderier til sukker og eddike. Varm op til kogning og hæld blandingen over grøntsagerne.
c) Dæk til og stil på køl 24 timer. Opvarm blandingen til kogning og syg varm i varme krukker, efterlader 1/2-tommer headspace.
d) Fjern luftbobler og juster headspace om nødvendigt. Tør kanten af krukker af med et fugtigt rent køkkenrulle.

55. Syltede majs relish

Ingredienser:
- 10 kopper friske hele majskerner
- 2-1/2 kopper sød rød peberfrugt i tern
- 2-1/2 kopper sød grøn peberfrugt i tern
- 2-1/2 dl hakket selleri
- 1-1/4 kopper hakkede løg
- 1-3/4 kopper sukker
- 5 kopper eddike (5%)
- 2-1/2 spsk konservesalt eller syltesalt
- 2-1/2 tsk selleri frø
- 2-1/2 spsk tør sennep
- 1-1/4 tsk gurkemeje

Udbytte: Cirka 9 pints

Rutevejledning:
a) Kog aks i 5 minutter. Dyp i koldt vand. Skær hele kerner fra kolber eller brug seks 10-ounce frosne pakker majs.
b) Kom peberfrugt, selleri, løg, sukker, eddike, salt og sellerifrø i en gryde.
c) Bring i kog og lad det simre i 5 minutter under omrøring af og til. Bland sennep og gurkemeje i 1/2 kop af den kogte blanding. Tilsæt denne blanding og majs til den varme blanding.
d) Kog yderligere 5 minutter. Fyld varme krukker med varm blanding, efterlad 1/2-tommer headspace.
e) Fjern luftbobler og juster headspace om nødvendigt. Tør kanten af krukker af med et fugtigt rent køkkenrulle.

56. Syltet grøn tomat relish

Ingredienser:
- 10 lbs. små, hårde grønne tomater
- 1-1/2 lbs. rød peberfrugt
- 1-1/2 lbs. grønne peberfrugter
- 2 lbs. løg
- 1/2 kop konservesalt eller syltesalt
- 1 liter vand
- 4 kopper sukker
- 1 liter eddike (5%)
- 1/3 kop forberedt gul sennep
- 2 spsk majsstivelse

Udbytte: Cirka 7 til 9 pints

Rutevejledning:
a) Vask og riv eller hak tomater, peberfrugt og løg groft. Opløs salt i vand og hæld over grøntsager i stor kedel.
b) Varm op til kogning og lad det simre i 5 minutter. Afdryp i dørslag. Kom grøntsagerne tilbage i kedel.
c) Tilsæt sukker, eddike, sennep og majsstivelse. Rør for at blande. Varm op til kogning og lad det simre i 5 minutter.
d) Fyld varme sterile pintglas med varm velsmag, og efterlad 1/2 tomme headspace.
e) Fjern luftbobler og juster headspace om nødvendigt. Tør kanten af krukker af med et fugtigt rent køkkenrulle.

57. Syltet peberrodsauce

Ingredienser:
- 2 kopper (3/4 lb.) frisk revet peberrod
- 1 kop hvid eddike (5%)
- 1/2 tsk konservesalt eller syltesalt
- 1/4 tsk pulveriseret ascorbinsyre

Rutevejledning:

a) Frisk peberrods skarphed forsvinder inden for 1 til 2 måneder, selv når den er nedkølet. Lav derfor kun små mængder ad gangen.

b) Vask peberrodsrødderne grundigt og skræl af den brune ydre hud. De skrællede rødder kan rives i en foodprocessor eller skæres i små tern og kommes gennem en madkværn.

c) Kombiner ingredienser og syg i sterile krukker, efterlader 1/4-tommer headspace.

d) Luk glassene tæt og opbevar dem i køleskabet.

58. Syltet peber-løg relish

Ingredienser:
- 6 kopper hakkede løg
- 3 kopper hakket sød rød peberfrugt
- 3 kopper hakket grøn peberfrugt
- 1-1/2 dl sukker
- 6 kopper eddike (5%), helst hvid destilleret
- 2 spsk konservesalt eller syltesalt

Udbytte: Cirka 9 halve pints

Rutevejledning:
a) Vask og hak grøntsager. Kombiner alle ingredienser og kog forsigtigt, indtil blandingen tykner, og volumen er reduceret med det halve (ca. 30 minutter).
b) Fyld varme sterile krukker med hot relish, efterlad 1/2 tomme headspace, og forsegl tæt.
c) Opbevares i køleskab og bruges inden for en måned.

59. Krydret jicama relish

Ingredienser:
- 9 kopper jicama i tern
- 1 spiseskefuld hele blandet syltningskrydderi
- 1 to-tommers kanelstang
- 8 kopper hvid eddike (5%)
- 4 kopper sukker
- 2 tsk stødt rød peber
- 4 kopper gul peberfrugt i tern
- 4-1/2 kopper rød peberfrugt i tern
- 4 kopper hakket løg
- 2 friske peberfrugter

Udbytte: Cirka 7 halvliters glas

Rutevejledning:
a) Forsigtig: Bær plastik- eller gummihandsker og rør ikke dit ansigt, mens du håndterer eller skærer peberfrugter. Vask, skræl og trim jicama; terning.
b) Placer syltningskrydderi og kanel på et rent, dobbeltlags, 6-tommers kvadratisk stykke 100% bomulds-ostklæde.
c) Bring hjørnerne sammen og bind med en ren snor.
d) I en 4-quart hollandsk ovn eller gryde, kombiner syltede krydderipose, eddike, sukker og knust rød peber. Bring i kog, under omrøring for at opløse sukker. Rør jicama i tern, sød peber, løg og fingerhots. Sæt blandingen tilbage i kog.
e) Reducer varmen og lad det simre, tildækket, ved middel-lav varme i cirka 25 minutter. Kassér krydderiposen. Fyld relish i varme halvlitersglas, og efterlad 1/2 tomme headspace. Dæk med varm bejdsevæske, efterlader 1/2-tommer headspace.
f) Fjern luftbobler og juster headspace om nødvendigt. Tør kanten af krukker af med et fugtigt rent køkkenrulle.

60. Tangy tomatillo relish

Ingredienser:
- 12 kopper hakkede tomatillos
- 3 kopper hakket jicama
- 3 kopper hakket løg
- 6 kopper hakkede blomme-type tomater
- 1-1/2 dl hakket grøn peberfrugt
- 1-1/2 dl hakket rød peberfrugt
- 1-1/2 dl hakket gul peberfrugt
- 1 kop konservesalt
- 2 liter vand
- 6 spiseskefulde hele blandet syltningskrydderi
- 1 spiseskefuld knust rød peberflager (valgfrit)
- 6 kopper sukker
- 6-1/2 kopper cidereddike (5%)

Udbytte: Cirka 6 eller 7 pints

Rutevejledning:
a) Fjern skallerne fra tomatillos og vask godt. Skræl jicama og løg. Vask alle grøntsager godt før trimning og hakning.
b) Placer hakkede tomatillos, jicama, løg, tomater og alle peberfrugter i en 4 liter hollandsk ovn eller gryde. Opløs konservesalt i vand. Hæld over tilberedte grøntsager. Opvarm til kogning; simre 5 minutter.
c) Dræn grundigt gennem en si med osteklæde (indtil der ikke drypper mere vand igennem, ca. 15 til 20 minutter).
d) Placer syltningskrydderi og valgfri rød peberflager på et rent, dobbeltlags, 6 tommer kvadratisk stykke

61. Ingen sukker tilsat syltede rødbeder

Ingredienser:
- 7 lbs. af 2- til 2-1/2-tommers diameter rødbeder
- 4 til 6 løg (2- til 2-1/2-tommer diameter), hvis det ønskes
- 6 kopper hvid eddike (5 procent)
- 1-1/2 tsk konservesalt eller syltningssalt
- 2 kopper Splenda
- 3 kopper vand
- 2 kanelstænger
- 12 hele nelliker

Udbytte: Cirka 8 pints

Rutevejledning:

a) Trim af roetoppe, efterlad 1 tomme stilk og rødder for at forhindre blødning af farve. Vask grundigt. Sorter efter størrelse.
b) Dæk lignende størrelser sammen med kogende vand og kog indtil de er møre (ca. 25 til 30 minutter). Forsigtig: Dræn og kassér væske. Kølige rødbeder.
c) Trim af rødder og stilke og slip af skind. Skær i 1/4-tommers skiver. Skræl, vask og skær løg i tynde skiver.
d) Kombiner eddike, salt, Splenda® og 3 kopper frisk vand i en stor hollandsk ovn. Bind kanelstænger og nelliker i ostelærredspose og tilsæt eddikeblandingen.
e) Bring i kog. Tilsæt rødbeder og løg. Simre
f) 5 minutter. Fjern krydderiposen. Fyld varme rødbeder og løgskiver i varme fadglas, efterlad 1/2-tommers headspace. Dæk med kogende eddikeopløsning, efterlader 1/2-tommer headspace.
g) Fjern luftbobler og juster headspace om nødvendigt. Tør kanten af krukker af med et fugtigt rent køkkenrulle.

62. Sød syltet agurk

Ingredienser:
- 3-1/2 lbs. af syltede agurker
- kogende vand til at dække skåret agurker
- 4 kopper cidereddike (5%)
- 1 kop vand
- 3 kopper Splenda®
- 1 spsk konservesalt
- 1 spiseskefuld sennepsfrø
- 1 spsk hel allehånde
- 1 spsk selleri frø
- 4 en-tommers kanelstænger

Udbytte: Cirka 4 eller 5 halvliters glas

Rutevejledning:

a) Vask agurker. Skær 1/16 tomme af blomstenderne i skiver og kassér dem. Skær agurker i 1/4-tommer tykke skiver. Hæld kogende vand over agurkeskiverne og lad dem stå i 5 til 10 minutter.

b) Hæld det varme vand af og hæld koldt vand over agurkerne. Lad koldt vand løbende løbe over agurkeskiverne, eller skift vand ofte, indtil agurkerne er afkølet. Dræn skiverne godt.

c) Bland eddike, 1 kop vand, Splenda® og alle krydderier i en 10 liter hollandsk ovn eller gryde. Bring i kog. Tilsæt forsigtigt afdryppede agurkeskiver til den kogende væske og bring det i kog.

d) Placer en kanelstang i hver tom varm krukke, hvis det ønskes. Fyld varme pickle-skiver i varme halvlitersglas, efterlad 1/2-tommers headspace. Dæk med kogende saltlage, efterlader 1/2-tommer headspace.

e) Fjern luftbobler og juster headspace om nødvendigt. Tør kanten af krukker af med et fugtigt rent køkkenrulle.

63. Skiver dild pickles

Ingredienser:
- 4 lbs. (3- til 5-tommer) syltede agurker
- 6 kopper eddike (5%)
- 6 kopper sukker
- 2 spsk konservesalt eller syltesalt
- 1-1/2 tsk selleri frø
- 1-1/2 tsk sennepsfrø
- 2 store løg, skåret i tynde skiver
- 8 hoveder frisk dild

Udbytte: Cirka 8 pints

Rutevejledning:
a) Vask agurker. Skær 1/16-tommer skive af blomsterenden og kassér. Skær agurker i 1/4-tommers skiver. Kom eddike, sukker, salt, selleri og sennepsfrø i en stor gryde. Bring blandingen i kog.
b) Læg 2 skiver løg og 1/2 dildhoved på bunden af hvert varmt halvliters glas. Fyld varme krukker med agurkeskiver, efterlad 1/2-tommers headspace.
c) Læg 1 skive løg og 1/2 dildhoved ovenpå. Hæld varm syltningsopløsning over agurker, så der er 1/4 tomme headspace.
d) Fjern luftbobler og juster headspace om nødvendigt. Tør kanten af krukker af med et fugtigt rent køkkenrulle.

64. Søde pickles i skiver

Ingredienser:
- 4 lbs. (3- til 4-tommer) syltede agurker

Brining løsning:
- 1 liter destilleret hvid eddike (5%)
- 1 spsk konservesalt eller syltesalt
- 1 spiseskefuld sennepsfrø
- 1/2 kop sukker

Konservesirup:
- 1-2/3 kopper destilleret hvid eddike (5%)
- 3 kopper sukker
- 1 spsk hel allehånde
- 2-1/4 tsk selleri frø

Udbytte: Cirka 4 til 5 pints

Rutevejledning:
- Vask agurker og skær 1/16 tomme af blomsterenden og kassér dem. Skær agurker i 1/4-tommers skiver. Kom alle ingredienser til konservesirup i en gryde og bring det i kog. Hold siruppen varm indtil den skal bruges.
- Bland ingredienserne til saltlageopløsningen i en stor kedel. Tilsæt de udskårne agurker, læg låg på og lad det simre, indtil agurkerne skifter farve fra lyse til matgrønne (ca. 5 til 7 minutter). Dræn agurkeskiverne.
- Fyld varme krukker, og dæk med varm konservesirup, så der er 1/2 tomme headspace.
- Fjern luftbobler og juster headspace om nødvendigt. Tør kanten af krukker af med et fugtigt rent køkkenrulle.

65. Citron & Dild Kraut

Ingredienser:
- 1 hoved fast hvidkål, fint skåret
- 2 til 3 teskefulde havsalt (1,5%)
- 2 spsk citronsaft
- 1 spsk tørret dild
- 2 -3 fed hvidløg, fint revet

Rutevejledning:
a) Vask din kål og reserver et af de yderste blade til at putte i toppen af din kraut.
b) Skær kålen i kvarte, fjern kernehuset og riv den fint. Følg anvisningerne ovenfor for normal surkål, tilsæt citronsaft og den tørrede dild med saltet.
c) Pres og massér kålen til den glinser og der er en lille væskepøl i bunden af skålen, bland derefter hvidløget i.

66. Kinesisk Kimchi

Ingredienser:
- 1 hoved napa eller kinakål, hakket
- 3 gulerødder, revet
- 1 stor daikon radise, revet eller en kop små røde radiser, fint skåret
- 1 stort løg, hakket
- 1/4 kop dulse eller nori tangflager
- 1 spsk chilipeberflager
- 1 spsk hakket hvidløg
- 1 spsk hakket frisk ingefær
- 1 spsk sesamfrø
- 1 spsk sukker
- 2 tsk havsalt af god kvalitet
- 1 tsk fiskesauce

Rutevejledning:

a) Bland blot alle ingredienserne sammen i en stor skål og lad det stå i 30 minutter.
b) Pak blandingen i en stor glasmurer krukke eller 2 mindre krukker. Tryk den godt ned.
c) Top med en vandfyldt Ziploc-pose for at holde ilt ude og holde grøntsagerne nedsænket under saltlagen.
d) Læg låget løst på og sæt til side til gæring i mindst 3 dage. Smag på det efter 3 dage og afgør om det smager surt nok. Det er et spørgsmål om personlig smag, så bare fortsæt med at prøve det, indtil du kan lide det!
e) Når du er tilfreds med smagen, kan du opbevare kimchien i køleskabet, hvor den holder sig glad i flere måneder, hvis den holder så længe!!

67. Fermenterede gulerodsstave

Ingredienser:
- 6 økologiske gulerødder, vasket og skåret i stave
- 2 % saltlageopløsning (20 g havsalt opløst i 1 liter filtreret vand)
- Få hvidløgsfed, citronskiver, sorte peberkorn, laurbærblade eller dild

Rutevejledning:
a) Pak gulerødderne tæt i en ren 1 liters glaskrukke sammen med andre krydderier fra ingredienslisten. Hæld saltlagen over inden for 2,5 cm fra toppen af glasset.
b) Hvis gulerødderne svæver over væskeniveauet, kan du bruge en Ziploc-pose fyldt med saltlage til at tynge dem ned og holde dem sikkert nedsænket.
c) Lad det gære ved stuetemperatur uden direkte sollys i mindst en uge, men helst to uger. Saltlagen vil begynde at se uklar ud, hvilket indikerer, at gæringen forløber normalt. Du bør også se nogle bobler, hvis du forsigtigt ryster glasset.
d) Når du er tilfreds med smagen og konsistensen, så flyt dem til køleskabet, hvor de holder sig godt i et par måneder!

68. Gulerødder med et indisk twist

(Ger 1 liters krukke)

Ingredienser:
- 1 kg gulerødder, skrællet og revet
- 1 knop frisk ingefær, skrællet og revet
- 2 tsk chiliflager
- 2 tsk bukkehorn
- 2 tsk sennepsfrø
- 1 tsk stødt gurkemeje
- 1 spsk havsalt

Rutevejledning:
a) Læg gulerødderne i en skål og drys med havsalt.
b) Klem og massér blandingen for at frigive noget saltlage. Gulerødderne skal begynde at visne og blive våde.
c) Tilsæt krydderierne og bland sammen med en træske, ikke dine hænder, ellers bliver de orangefarvet af gurkemeje!
d) Pak blandingen ind i en ren 1 liters glasbeholder, og tryk hver håndfuld godt ned for at sikre, at der ikke bliver fanget luft. Efterlad 2,5 cm headspace i toppen af glasset, og sørg for, at gulerødderne er helt nedsænket under saltlagen.
e) Luk låget og lad det gære i 5 til 7 dage ved stuetemperatur.
f) Opbevar glasset i køleskabet og brug inden for 6 måneder.

69. Radisebomber

(Ger 1 liters krukke)

Ingredienser:
- 400 g radiser, toppe trimmet
- 1 eller 2 tsk syltningskrydderi eller fennikel
- 15g/1 spsk havsalt
- 10 g/2 tsk rørsukker
- 1 liter filtreret vand
- 1 rødløg i skiver eller 5 forårsløg
- 3 skiver frisk ingefær
- 2 eller 3 store skiver citron
- 3 eller 4 fed hvidløg, knust
- 1 tsk eller flere tørrede chiliflager, alt efter hvor varmt du kan lide det

Rutevejledning:
a) Lav saltlagen ved at opløse havsalt og sukker i en kande. Vask din glaskrukke i varmt sæbevand og skyl den godt for at fjerne eventuelle sæberester.
b) Kom krydderierne i bunden af krukken, tilsæt derefter grøntsagerne, afslut med citronskiverne ovenpå. Hæld saltlagen over, indtil alt er helt nedsænket. Dæk med et stort kålblad eller Ziploc-pose fyldt med ekstra lage for at holde alt under saltlagen.
c) Luk glasset løst, og lad det stå et køligt sted og uden for direkte sollys i 7 til 12 dage. Jeg plejer at sætte min i garagen, da den svovlholdige pong kan være ret overvældende, og du kan få klager fra familiemedlemmer!
d) Smag dem efter 7 dage, og hvis de er sure nok til dig, så sæt dem i køleskabet, hvor de holder sig i omkring 6 måneder.
e) Hvis de ikke er sure nok, så lad dem stå i yderligere 4 eller 5 dage.
f) Behold eventuelt overskydende saltlage og brug det i salatdressinger, det vrimler med probiotika!!

MURER KRUKKE DESSERT

70. CadburyÆg bagateller

Gør: 4

INGREDIENSER:

- 3,4-ounce æske vaniljebudding
- 1 kop kold mælk
- 1 dåse sødet kondenseret mælk
- 8-ounce balje Kølig pisk, delt
- 2 kopper mælkechokoladechips
- 1 kop tung fløde
- 3 kopper hakkede Oreos
- Cadbury creme æg, til pynt

VEJBESKRIVELSE
LAVE BUDDING:
d) I en stor skål piskes buddingblandingen, mælk og sødet kondenseret mælk sammen. Lad stivne i 5 minutter, under omrøring ofte, indtil blandingen er tyknet.
LAVE GANACHE:
e) I en lille gryde over medium varme bringes tung fløde til lav koge. Tilføj mælkechokoladechips til en mellemstor skål, og hæld derefter varm tung fløde ovenpå. Lad stå i 3 minutter, og pisk derefter indtil chokoladen er smeltet og blandingen er glat. Lad afkøle til stuetemperatur.
SAMLER småting:
f) Tilføj et jævnt lag hakkede Oreos i bunden af 4 store murerglas. Top med et jævnt lag af buddingblanding, fordel mælkechokoladeganache over buddingen og kom derefter Cool Whip ovenpå. Gentag for at lave endnu et lag af hver ingrediens.
g) Stil på køl indtil servering.

71. Rå parfait med spirulinamælk

Gør: 1

INGREDIENSER:
TØR
- ½ kop havre
- 1 spsk æble, tørret
- 1 spsk mandler, aktiverede
- 1 spsk søde kakaonibs
- 1 spsk abrikoser, tørrede, finthakkede
- ½ tsk vaniljepulver
- 1 spsk maca pulver

VÆSKE
- 1 kop cashewmælk
- 1 spsk spirulina pulver
- 2 spsk græskarkerner, knuste

VEJBESKRIVELSE
a) Tilsæt og lag havre, æbler, mandler og abrikoser i en murerkrukke, og top med kakaonibs.
b) Kom derefter cashewmælk, spirulina og græskarkerner i en blender og pulser på højt i et minut.
c) Hæld den færdige mælk over de tørre ingredienser og nyd.

72. Blåbær citron cheesecake havre

INGREDIENSER:
- ¼ kop fedtfri græsk yoghurt
- 2 spsk blåbæryoghurt
- ¼ kop blåbær
- 1 tsk revet citronskal
- 1 tsk honning

VEJBESKRIVELSE

a) Kombiner havre og mælk i en 16-ounce Murer Krukke; top med ønskede toppings.

b) Stil på køl natten over eller op til 3 dage; serveres koldt.

73. Lime hør budding

Giver: 1 portion

INGREDIENSER:
- 1 ¼ kop 2% mælk
- 1 kop 2% almindelig græsk yoghurt
- ½ kop hørfrø
- 2 spsk honning
- 2 spsk sukker
- 2 tskKalkskal
- 2 spsk friskpressetKalksaft
- 1 tsk vaniljeekstrakt
- 1 kop hakkede jordbær og blåbær
- ½ kop mango i tern og ½ kop kiwi i tern

VEJBESKRIVELSE
a) I en stor skål piskes mælk, yoghurt, hørfrø, honning, sukker,Kalkskal,Kalksaft, vanilje og salt sammen, indtil det er godt blandet.
b) Fordel blandingen jævnt i fire Murer krukker.
c) Dæk til og stil på køl natten over eller i op til 5 dage.
d) Serveres koldt, toppet med jordbær, mango, kiwi og blåbær.

74. Individuelle KeyKalk Cheesecakes

INGREDIENSER

Til skorpen
- 11/4 kopper (125 g) malede glutenfri sandkager (såsom Pamelas mærke)
- 11/2 tsk brun farin
- 2 spsk (28 g) usaltet smør, smeltet Knip salt

Til cheesecaken
- 8 ounce (227 g) flødeost, ved stuetemperatur
- 1 spsk (8 g) majsstivelse
- 1/3 kop (65 g) granuleret sukker
- Klip salt
- 1 spsk (15 ml) KeyKalk juls
- 1/4 kop (60 g) creme fraiche, ved stuetemperatur
- 1 tsk glutenfri vaniljeekstrakt
- 1 spsk (6 g) fintrevet nøglelimeskal, plus mere til pynt
- 1 stort æg, ved stuetemperatur 11/2 kopper (355 ml) vand Flødeskum, til pynt

Skorpe
a) Spray let indersiden af seks 4-ounce (115 g) murerglas med nonstick-spray.
b) Bland de knuste småkager, brun farin, smør og salt i en lille skål. Fordel småkageblandingen jævnt mellem Murer krukkerne. Tryk forsigtigt kagebunden mod bunden af glassene.

Ostekage
c) I en mellemskål, pisk flødeosten med en håndmixer ved lav hastighed, indtil den er glat. Kombiner majsstivelse, granuleret sukker og salt i en lille røreskål. Tilsæt sukkerblandingen til flødeosten og pisk indtil den netop er inkorporeret. Skrab siderne af skålen ned med en spatel.
d) TilsætKalksaft, cremefraiche, vanilje ogKalkskal til flødeostblandingen. Pisk indtil det lige kommer sammen. Tilsæt ægget; rør til det lige er blandet. Overbland ikke.

e) Fordel cheesecakedejen ligeligt mellem glassene. Bank let glassene mod disken for at frigøre eventuelle store luftbobler.
f) Tilsæt vandet i bunden af den inderste gryde. Læg en bordskåne inde i gryden. Placer de fyldte glas på bordskånet, og pas på, at siderne af glassene ikke rører hinanden eller siderne af gryden. Du skal kunne passe fem rundt om kanterne og have plads til en krukke i midten. Læg et stort stykke folie let over alle glassene.
g) Luk og lås låget, og sørg for, at dampudløserknappen er i tætningsposition. Kog ved højtryk i 4 minutter. Når tilberedningstiden er afsluttet, lad en naturlig frigivelse i 10 minutter, flyt derefter knappen til udluftningspositionen og frigør eventuel resterende damp. Når flydestiften falder, låses låget op og åbnes forsigtigt. Tryk på Annuller.
h) Fjern folien og absorber eventuel kondens på overfladen af cheesecakes ved forsigtigt at duppe dem med et køkkenrulle. Lad ostekagerne køle af i gryden i 30 minutter, tag dem derefter ud på en rist og lad dem køle af, indtil de når stuetemperatur. Dæk ostekagerne med plastfolie og stil dem i køleskabet i mindst 6 til 8 timer, gerne natten over.
i) Server pyntet med flødeskum og ekstraKalkskal.

Udbytte: 6 individuelle cheesecakes

75. KokosraspBær curd

Portioner 4

ingredienser
- 4 ounce kokosolie, blødgjort
- 3/4 kop Drej
- 4 æggeblommer, pisket
- 1/2 kop blåbær
- 1 tsk revet citronskal
- 1/2 tsk vaniljeekstrakt
- 1/2 tsk stjerneanis, stødt

Vejbeskrivelse
1. Blend kokosolien og vend i en foodprocessor.
2. Bland gradvist æggene i; fortsæt med at blende i 1 minut længere.
3. Tilsæt nu blåbær, citronskal, vanilje og stjerneanis. Fordel blandingen mellem fire Murer-glas og dæk dem med låg.
4. Tilsæt 1 ½ kop vand og et metalstativ til Instant Pot. Sænk nu dine krukker ned på stativet.
5. Sæt låget fast. Vælg "Manuel" tilstand og Højtryk; kog i 15 minutter. Når tilberedningen er færdig, skal du bruge en naturlig trykudløser; fjern forsigtigt låget. Tjene
6. Placer i dit køleskab indtil klar til servering. God appetit!

76. Creme med mandel og chokolade

Portioner 4

ingredienser
- 2 kopper kraftig piskefløde
- 1/2 kop vand
- 4 æg
- 1/3 kop Drej
- 1 tsk mandelekstrakt
- 1 tsk vaniljeekstrakt
- 1/3 kop mandler, malede
- 2 spsk kokosolie, stuetemperatur
- 4 spsk kakaopulver
- 2 spsk gelatine

Vejbeskrivelse
1. Start med at tilføje 1½ kop vand og et metalstativ til din Instant Pot.
2. Blend fløde, vand, æg, Swerve, mandelekstrakt, vaniljeekstrakt og mandler i din foodprocessor.
3. Tilsæt de resterende ingredienser og kør i et minut længere.
4. Fordel blandingen mellem fire Murer-krukker; dæk dine krukker med låg. Sænk glassene ned på stativet.
5. Sæt låget fast. Vælg "Manuel" tilstand og Højtryk; kog i 7 minutter. Når tilberedningen er færdig, skal du bruge en naturlig trykudløser; fjern forsigtigt låget. God appetit!

77. Klassisk feriecreme

Tilberedningstid: 20 minutter + nedkølingstid
Portioner 4
Ernæringsværdier pr. portion: 201 kalorier; 17,7 g fedt; 6,2 g samlede kulhydrater; 4,2 g protein; 1,2 g sukker

ingredienser
- 5 æggeblommer
- 1/3 kop kokosmælk, usødet
- 1/2 tsk vaniljeekstrakt
- 1 tsk munkefrugtpulver
- 1 spsk butterscotch aroma
- 1/2 stangsmør, smeltet

Vejbeskrivelse
1. Blend æggeblommerne med kokosmælk, vaniljeekstrakt, munkefrugtpulver og smørkaramelsmag.
2. Rør derefter smørret i; rør til alt er godt indarbejdet. Fordel blandingen mellem fire Murer-glas og dæk dem med låg.
3. Tilsæt 1½ kop vand og et metalstativ til Instant Pot. Sænk nu dine krukker ned på stativet.
4. Sæt låget fast. Vælg "Manuel" tilstand og Lavtryk; kog i 15 minutter. Når tilberedningen er færdig, skal du bruge en naturlig trykudløser; fjern forsigtigt låget. Tjene
5. Sæt i køleskabet indtil servering. God appetit!

78. Chokoladecreme

Tilberedningstid: 25 MIN
Servering: 4

Ingredienser:
- 2 tung creme
- ¼ kop usødet mørk chokolade, hakket
- 3 æg
- 1 tsk appelsinskal
- 1 tsk steviapulver
- 1 tsk vaniljeekstrakt
- ½ tsk salt

Rutevejledning:
1. Sæt din instant-gryde i, og tryk på 'Save'-knappen. Tilsæt tung fløde, hakket chokolade, steviapulver, vaniljeekstrakt, appelsinskal og salt. Rør godt rundt og lad det simre til chokoladen er helt smeltet. Tryk på knappen 'Annuller' og knæk æg, et ad gangen, under konstant omrøring. Fjern fra instant-gryden.
2. Overfør blandingen til 4 murerglas med løse låg.
3. Hæld 2 kopper vand i din instant-gryde og sæt bordskånet i den rustfri stålindsats. Tilsæt glas og luk låget.
4. Indstil dampudløserhåndtaget og tryk på knappen 'Manuel'. Indstil timeren til 10 minutter.
5. Når du er færdig, udfør en hurtig udløsning ved at flytte dampventilen til 'Utluftnings'-positionen.
6. Åbn låget og fjern glassene. Afkøl til stuetemperatur og overfør derefter til køleskabet.
7. Top med lidt flødeskum inden servering.

79. Tzatziki

Gør omkring 1½ til 2 kopper

Ingredienser:
- 1 kop rå usaltede cashewnødder
- ½ kop filtreret vand
- 1 probiotisk kapsel eller ¼ teskefuld probiotisk pulver
- Saft fra 1 citron
- 1 fed hvidløg, hakket
- 2 spsk hakket løg
- 1 tsk uraffineret havsalt
- Et 3-tommer stykke af en mellemlang agurk

a) Kombiner cashewnødder og vand i en lille til mellemstor glasskål. Tøm indholdet af den probiotiske kapsel (kassér den tomme kapselskall) eller det probiotiske pulver i cashewblandingen, og rør for at kombinere. Dæk til og sæt til side i fireogtyve timer.

b) Kombiner cashew-blandingen med citronsaft, hvidløg, løg og salt i en blender, og blend indtil glat og cremet; kom blandingen tilbage i skålen. Riv agurken, tilsæt den til cashewblandingen og rør, indtil den er blandet. Opbevar tildækket i køleskabet i op til tre dage.

c) Når du er klar til servering, pyntes med agurkeskiver og/eller skiver, hvis det ønskes.

80. Cremet fransk løgdip

Gør omkring 2½ kopper

Ingredienser:
- 2 kopper rå, usaltede cashewnødder
- 1½ kopper filtreret vand
- 2 probiotiske kapsler eller ½ tsk probiotisk pulver
- Saft fra ½ citron
- 2 spsk hakket grønne løg
- 2 spsk hakket frisk persille
- Omkring 1 tsk uraffineret havsalt, eller efter smag
- Purløg eller forårsløg til pynt (valgfrit)

Rutevejledning:
a) Kombiner cashewnødder og vand i en lille til mellemstor glasskål.
b) Tøm indholdet af de probiotiske kapsler (kassér de tomme kapselskaller) eller det probiotiske pulver i cashewnødderne, og rør for at blande.
c) Dæk og lad blandingen dyrkes i fireogtyve til otteogfyrre timer.
d) Når du er klar til servering, pyntes med purløg eller forårsløg, hvis det ønskes.

81. Grøn salat med ferskner og chèvre

Serverer 2 til 4
Ingredienser:
Salat
- 1 lille pakke blandet grønt
- 2 til 3 friske ferskner, udstenede og halveret
- 1 spsk ekstra jomfru olivenolie
- 1-tommer rund Chèvre

Forbinding
- ¾ kop ekstra jomfru olivenolie
- ⅓ kop æblecidereddike
- ½ tsk uraffineret havsalt
- ½ tsk tørret basilikum
- ½ tsk tørret timian
- 1 tsk ren ahornsirup eller agavenektar

Forvarm din grill til 300 til 350ºF, eller opvarm en støbejernsgrillpande på dit komfur over lav til medium varme. Vask og tør mesclun greens, og læg i en stor skål; sæt til side. Pensl ferskenhalvdelene med olivenolie, og læg den flad side nedad på grillen eller grillpanden. Grill i cirka 3 minutter, eller indtil ferskerne er bløde, men ikke grødet. Fjern ferskerne fra grillen, sluk for varmen og stil dem til side.
Skær Chèvre i skiver, og stil til side.
Bland alle ingredienserne til dressingen i en blender og blend, indtil det er glat. Hæld den ønskede mængde dressing over det blandede grønt, og vend salaten, indtil den er godt dækket. Opbevar eventuelle rester af dressing i en overdækket krukke i op til en uge.
Top salaten med Chèvre-skiverne og grillede ferskenhalvdele, og anret i store skåle eller på tallerkener.

82. Kokosflødeost

Ingredienser:
- En 13,5-ounce dåse kokosmælk
- 1 probiotisk kapsel eller ¼ teskefuld probiotisk pulver
- 1 til 2 tsk ren ahornsirup
- 1 tsk vaniljepulver eller ren vaniljeekstrakt
- 1 tsk citronskal (valgfrit)

Rutevejledning:
a) Åbn dåsen med kokosmælk. Hvis kokoscremen og vandet allerede er skilt, så øs den tykke creme af i en lille skål.
b) Hvis det ikke er skilt, skal du blot blande både kokosfløde og kokosvand i en lille skål, til det er glat.
c) Tilsæt indholdet af den probiotiske kapsel (kassér den tomme kapselskall) eller det probiotiske pulver, og bland sammen.
d) Dæk til med et låg eller en klud, og lad det sidde uforstyrret i otte til ti timer i varme omgivelser (ca. 110 til 115ºF eller 43 til 46ºC, men bare rolig, hvis det ikke er helt inden for dette område).
e) Efter at den er dyrket, skal den stilles på køl i mindst en til to timer. Hvis kokoscremen og vandet er skilt, skal du tage den fortykkede kokoscreme af til brug.
f) Tilsæt ahornsirup, vaniljepulver eller ekstrakt og citronskal, hvis det ønskes. Rør sammen indtil glat. Brug med det samme som glasur til kager, cupcakes eller andre bagværk.
g) Holder sig cirka en uge, tildækket, i køleskabet.

83. Pære crêpes med macadamia ost

Lav 8 store crêpes
Ingredienser:
Crêpes
- 2 spsk olivenolie, plus mere til oliering af stegepande
- 1½ kopper glutenfrit mel til alle formål (jeg bruger Bob's Red Mill xanthanfrit mel)
- 1½ dl mandelmælk
- 2 spsk fintmalede hørfrø pisket ud i 6 spsk vand
- 1 tsk bagepulver
- Knib uraffineret havsalt
- Kardemomme pære topping
- 4 mellemstore pærer, udkernede og skåret i skiver
- Knib stødt kardemomme
- ½ kop filtreret vand, delt
- 2 spsk økologisk rørsukker
- 1 spsk tapiokamel

Flødeost Topping
- Macadamia flødeost

a) Til crêpe-dejen kombineres 2 spsk olie, mel, mandelmælk, hørfrø-vandblanding, bagepulver og salt i en stor skål; piskes sammen.
b) I en stor stegepande over medium varme, tilsæt nok olie til at smøre hele bunden af gryden, og hæld nok crêpe-dej til til at dække gryden tyndt. Kog i cirka 1 minut, eller indtil boblerne forsvinder, og vend. Gentag med den resterende dej, indtil dejen er brugt op.
c) Til toppingen tilsættes pærer, kardemomme og ¼ kop af vandet i en medium stegepande ved lav til medium varme. Kog i cirka 5 minutter, eller indtil pærerne er lidt bløde. Kombiner den resterende ¼ kop vand, sukker og tapioka i en lille glasskål, indtil de er godt blandet.
d) Tilsæt sukker-tapiokablandingen til pærerne under konstant omrøring. Lad koge i endnu et minut, eller indtil saucen er tyknet.
e) Top hver crêpe med ⅛ af pæreblandingen og ⅛ af macadamia-flødeosten. Server straks.

84. Honningkager Cookie Is Creme Sandwich

Gør omkring 24 småkager eller 12 issandwich

Ingredienser:

- ½ kop kokosolie
- ½ kop kokossukker
- ¼ kop melasse
- 1 spsk fintmalet hørfrø pisket ud i 3 spsk vand
- 1 kop brunt rismel
- 1 kop hirsemel
- 1½ tsk bagepulver
- 2 tsk malet ingefær
- 1 tsk stødt kanel
- ¼ tsk stødt muskatnød
- dyrket vaniljeis

a) Forvarm din ovn til 350ºF.
b) Bland olie og sukker i en røremaskine og begynd at blande. Mens de stadig blandes, tilsæt melasse, hørfrø-vandblanding, brunt rismel, hirsemel, bagepulver, ingefær, kanel og muskatnød, og fortsæt med at blande, indtil blandingen danner en blød, smidig dej.
c) Form dejen til kugler på cirka 1½ tommer i diameter eller på størrelse med en valnød. Tryk dem fast med håndfladen på en bagepapirbeklædt bageplade for at danne 2-tommers skiver, så der er plads mellem kagerne, så de kan sprede sig. Bag i 8 minutter eller indtil de er faste, men ikke hårde. Lad afkøle på rist.
d) Når honningkagerne er afkølet, hælder du den dyrkede vaniljeis på en af småkagerne og trykker en anden småkage på den for at danne en sandwich. Gentag for de resterende cookies. Frys eller server med det samme. Hvis de fryser, så lad issandwichene stå ved stuetemperatur i cirka 10 minutter før servering.

85. dyrket vaniljeis

Ingredienser:
- 1 kop rå usaltede cashewnødder
- 2 kopper mandelmælk
- 1 probiotisk kapsel eller ¼ teskefuld probiotisk pulver
- 5 store friske Medjool dadler, udstenede
- 1 tsk vaniljepulver

Rutevejledning:

a) I en lille skål kombineres cashewnødder og 1 kop mælk; tilsæt indholdet af den probiotiske kapsel (kassér den tomme kapselskalle) eller det probiotiske pulver, og bland godt.

b) Dæk og lad sidde i otte til tolv timer, afhængigt af din smagspræference; længere gæringstider skaber en mere skarp smag.

c) Kombiner cashewblandingen, dadler og vaniljepulver i en blender, og blend indtil glat. Hæld i en ismaskine, og følg producentens anvisninger for at forarbejde til is (normalt 20 til 25 minutter).

86. Pumpkin Pie Is Creme

Gør omkring 1 quart/liter
Ingredienser:
- ½ kop rå usaltede cashewnødder
- ¼ kop filtreret vand
- 2 probiotiske kapsler eller ½ teskefuld probiotisk pulver
- 2 kopper mandelmælk
- 2 kopper kogt squash
- 7 friske Medjool dadler, udstenede
- 1½ tsk stødt kanel
- ½ tsk malet ingefær
- ½ tsk stødt nelliker
- ⅛ tsk muskatnød

Rutevejledning:
a) I en lille skål blandes cashewnødder og vand; tilsæt indholdet af den probiotiske kapsel (kassér den tomme kapselskalle) eller det probiotiske pulver, og bland godt. Dæk til og lad sidde i tolv timer.
b) I en blender kombineres cashewblandingen med mælk, squash, dadler, kanel, ingefær. nelliker, og muskatnød, og blend indtil blandingen er jævn. Hæld det i en ismaskine, og følg producentens anvisninger. Server straks.

87. SortKirsebær Is Creme

Gør omkring 1 quart/liter

Ingredienser:
- 1 kop rå usaltede cashewnødder
- 1 kop filtreret vand
- 1 probiotisk kapsel eller ¼ teskefuld probiotisk pulver
- 2 kopper friske sorte kirsebær, udstenede og stilke fjernet (hvis du bruger frosne kirsebær, lad det tø op før brug), plus et par mere til pynt (valgfrit)
- 1¼ kop mandelmælk
- 4 friske medjool dadler, udstenede

Rutevejledning:
a) I en mellemstor skål lægges cashewnødder i blød i vandet i otte timer eller natten over.
b) Hæld cashewnødder og vand i en blender, og blend indtil blandingen er glat og cremet. Hæld det i et lille glasfad med låg. Tøm den probiotiske kapsel (kassér den tomme kapselskall) eller det probiotiske pulver i cashewblandingen, og rør sammen. Dæk den med et låg eller et rent klæde, og lad det gære i otte til tolv timer.
c) Kombiner cashewblandingen med kirsebær, mælk og dadler i en blender eller foodprocessor, og blend indtil glat. Hæld blandingen i en ismaskine, og følg producentens anvisninger for at forarbejde til is. Pynt med yderligere kirsebær, hvis det ønskes, og server straks.

88. Orange Cremesicle Cheesecake

Laver en 12-tommer cheesecake

Ingredienser:

Skorpe
- 1 kop rå, usaltede mandler
- 3 friske Medjool dadler, udstenede
- 1 spsk kokosolie
- Knib uraffineret havsalt

Fyldning
- 2 kopper rå, usaltede cashewnødder
- 1 kop filtreret vand
- 1 probiotisk kapsel eller ¼ teskefuld probiotisk pulver
- 3 kopper appelsinjuls
- 2 spsk ren ahornsirup
- 1 tsk vaniljepulver
- 1 kop kokosolie
- ¼ kop plus 1 spsk lecithin (5 spsk)
- Tynde skiver appelsin, med skal, til pynt (valgfrit)

Rutevejledning:

a) Til skorpen, i en foodprocessor, kombinere alle skorpen ingredienser, og blend indtil fint hakket. Overfør til en 12-tommer springform, og tryk over bunden af gryden, indtil den er fast.

b) Til påfyldning, i en mellemstor skål, kombinere cashewnødder, vand og indholdet af den probiotiske kapsel (kasser den tomme kapselskalle) eller det probiotiske pulver; rør indtil kombineret. Dæk til med et låg eller en ren klud, og lad sidde i tolv til fireogtyve timer til kultur.

c) Kombiner cashewblandingen med appelsinjuls, ahornsirup, vaniljepulver, olie og lecithin i en blender, og blend indtil glat.

d) Hæld blandingen over skorpen. Stil den på køl i fire til seks timer, eller indtil den er sat. Pynt med appelsinskiver, hvis det ønskes, og server. Cheesecaken holder sig cirka fire dage i køleskabet i en tildækket beholder.

89. Granatæble cheesecake

Laver en 12-tommer cheesecake
Ingredienser:
Skorpe
- 1 kop rå, usaltede hasselnødder
- 4 friske Medjool dadler, udstenede
- 1 spsk kokosolie
- Knib uraffineret havsalt

Fyldning
- 2 kopper rå, usaltede cashewnødder
- 1 kop filtreret vand
- 1 probiotisk kapsel eller ¼ teskefuld probiotisk pulver
- 3 kopper granatæblejuls
- 2 spsk ren ahornsirup eller agavenektar
- 1 tsk vaniljepulver
- 1 kop kokosolie
- ¼ kop plus 2 spsk lecithin (6 spsk)
- Friske granatæbler (frø) til pynt (valgfrit)

Rutevejledning:

a) Til skorpen, i en foodprocessor, kombinere alle skorpen ingredienser, og blend indtil fint hakket. Overfør til en 12-tommer springform, og tryk over bunden af gryden, indtil den er fast.

b) Til påfyldning, i en mellemstor skål, kombinere cashewnødder, vand og indholdet af den probiotiske kapsel (kasser den tomme kapselskalle) eller det probiotiske pulver. Rør blandingen, indtil den er blandet. Dæk til med et låg eller en ren klud, og lad sidde i tolv til fireogtyve timer til kultur.

c) I en blender kombineres cashewblandingen med granatæblejuls, ahornsirup eller agavenektar, vaniljepulver, olie og lecithin, og blend indtil glat.

d) Hæld blandingen over skorpen. Stil den på køl i fire til seks timer, eller indtil den er sat. Top med friske granatæble, hvis det ønskes. Tjene.

e) Cheesecaken holder sig cirka fire dage i køleskabet i en tildækket beholder.

90. BlackBær Cheesecake

Laver en 12-tommer cheesecake
Ingredienser:
Skorpe
- 1 kop rå, usaltede mandler
- 3 friske Medjool dadler, udstenede
- 1 spsk kokosolie
- Knib uraffineret havsalt

Fyldning
- 2 kopper rå, usaltede cashewnødder
- 1 kop filtreret vand
- 1 probiotisk kapsel eller ¼ teskefuld probiotisk pulver
- ¼ kop plus 1 spsk ren ahornsirup (5 spsk)
- 1 tsk vaniljepulver
- ½ kop kokosolie
- ½ kop lecithin
- 2 kopper mandelmælk

Rutevejledning:
a) 2½ kopper friske brombær (hvis du bruger frosne, lad dem tø op, før du laver cheesecaken), plus mere til pynt.
b) Til skorpen, i en foodprocessor, kombinere alle skorpen ingredienser, og blend indtil fint hakket. Overfør til en 12-tommer springform, og tryk over bunden af gryden, indtil den er fast.
c) Til påfyldningen, i en mellemstor skål, kombinere cashewnødder, vand og indholdet af den probiotiske kapsel (kasser den tomme kapselskalle) eller probiotiske pulver; rør blandingen, indtil den er kombineret. Dæk med et låg eller et rent klæde, og lad det sidde i fireogtyve til otteogfyrre timer til dyrkning.
d) Kombiner cashewblandingen med ahornsirup, vaniljepulver, olie, lecithin og mælk i en blender, og blend indtil glat. Tilsæt brombærene, og blend indtil glat.
e) Hæld blandingen over skorpen. Stil den på køl i fire til seks timer, eller indtil den er sat. Pynt med yderligere brombær, hvis det ønskes, og server. Cheesecaken holder sig cirka fire dage i køleskabet i en tildækket beholder.

91. Søde vaniljefersken

Gør omkring 5 kopper

Ingredienser:
- 5 mellemstore ferskner, udstenede og groft hakkede (ca. 5 kopper hakket)
- ½ tsk vaniljepulver
- ½ tsk kardemommepulver (valgfrit)
- 1 spsk ren ahornsirup
- 2 spsk valle

Rutevejledning:

a) I en stor skål kombineres alle ingredienserne og blandes godt. Hæld blandingen i en 1-quart murerkrukke, dæk til og lad den sidde i tolv timer.

b) Stil på køl, hvor den skal holde sig i fire dage.

MURER KRUKKE DRIKKER

92. Citron- og agurkkøler

SERVERING 2 drinks

ingredienser
- Knust is
- 1 lille Kirby agurk
- ½ lille citron
- 2 tsk sukker
- 1/2 tsk frisk revet ingefær
- Seltzer vand
- Zubrowka Bison Grass Vodka

Vejbeskrivelse
a) Fyld begge murerglas med knust is til 34 % kapacitet. Agurk skal skæres i tynde skiver. Fordel blandingen mellem de to murerglas. Til hver murerkrukke tilsættes 1 tsk sukker.
b) Pres en halv citron i hver af de to murerglas. For at bruge som pynt, skær to cirkler fra den resterende halvdel af citronen. Til hver murerkrukke hældes 1,5 ounce Zubrowka. Før du hælder club sodavand i, tilsæt en kvart teskefuld ingefær til hver kop. Fyld glasset halvt med seltzervand. Nyd med en citronskive som pynt!

93. Vegansk kefir

Gør omkring 1 quart/liter

Ingredienser:
- 1 liter (eller liter) filtreret vand
- ½ kop rå usaltede cashewnødder
- 1 tsk kokossukker, ren ahornsirup eller agavenektar
- 1 spsk kefirkorn
- Mandarinsektioner til pynt (valgfrit)

Rutevejledning:
a) I en blender blendes vand, cashewnødder og kokossukker (eller ahornsirup eller agavenektar), indtil det er glat og cremet.
b) Hæld cashewmælken i en glaskrukke på 1½ til 2 liter, og sørg for, at den er mindre end $^2/^3$ fyldt. Tilsæt kefirkornene, rør rundt og sæt låget på glasset.
c) Lad krukken stå ved stuetemperatur i fireogtyve til otteogfyrre timer, mens den forsigtigt omrøres med jævne mellemrum. Cashewmælken bliver noget boblende, så begynder den at koagulere og skille sig ad; ryst den blot for at blande kefiren igen, eller tag den tykkere ostemasse ud og brug dem, som du ville bruge blød ost eller creme fraiche.
d) Stil på køl i op til en uge. Når du er klar til at servere kefiren, hæld den i et glas og pynt kanten af glasset med mandarinsektioner, hvis det ønskes.

94. Sort te Kombucha

Gør omkring 3½ quarts/liter

Ingredienser:
- 4 liter (eller liter) filtreret vand
- 1 kop uraffineret sukker
- 4 sorte teposer eller 4 dyngede teskefulde løsbladste
- 1 kombucha starter kultur

Rutevejledning:
a) Bring vandet i kog i en stor gryde af rustfrit stål, tilsæt sukkeret og rør, indtil sukkeret er helt opløst.
b) Tilsæt de sorte teposer eller løs te, og kog i yderligere 10 minutter for at dræbe eventuelle uønskede mikrober, der kan være til stede på teposerne.
c) Sluk for varmen, og lad teen trække i 15 minutter; fjern teposerne.
d) Lad teen køle af til stuetemperatur eller let lunken temperatur; det bør ikke være varmere end omkring 70ºF eller 21ºC for at sikre, at kombucha-kulturen ikke beskadiges.
e) Hæld den gennemblødte te i en stor keramisk crock eller bredmundet glasvandkande, som dem der bruges til at lave iste.
f) Tilføj til teen kombucha-startkulturen sammen med enhver te, den fulgte med.
g) Dæk toppen af crock eller kanden med et stykke rent linned eller bomuld (undgå at bruge ostelærred, da det er for porøst), og sæt et elastikbånd rundt om kanten for at holde kluden på plads; alternativt kan du bruge tape rundt om kanten til at holde kluden på plads og sikre, at kluden ikke falder ned i krukken eller kanden.
h) Placer krukken eller kanden et roligt sted med luftventilation, i et varmt, men ikke solbelyst område, hvor det ikke vil blive forstyrret.
i) Det ideelle gæringstemperaturområde er 73 til 82ºF eller 23 til 28ºC. Når du har fundet et sted til det, må du ikke flytte crocken eller kanden, mens kombuchaen gærer, da det kan forstyrre dyrkningsprocessen.

j) Vent omkring fem til seks dage med at høste din kombucha. Tjek først smagen: Hvis den er sødere end du ønsker, så lad den gære endnu en dag eller to. Hvis det har en eddikeagtig smag, skal du muligvis aftappe fremtidige batches efter fermentering i kortere tid; det er stadig fint at drikke, men du skal muligvis fortynde det med vand, når du drikker det, for at undgå at irritere din hals eller mave.
k) Hæld alle undtagen cirka 2 kopper af din fermenterede kombucha i en glaskrukke, en beholder med låg eller flere genlukkelige glaskrukker (gammeldags sodavandsflasker med flip-top låg fungerer godt), dæk til og opbevar det i køleskabet.

95. Afrikansk rød te Kombucha

Gør omkring 3½ quarts/liter

Ingredienser:
- 4 liter filtreret vand
- 1 kop kokossukker
- 4 tsk rooibos løsbladste eller 4 rooibos teposer
- 1 kombucha starter kultur

Rutevejledning:

a) Bring vandet i kog i en stor gryde af rustfrit stål, tilsæt sukkeret og rør, indtil sukkeret er helt opløst.

b) Tilsæt rooibos teposer eller løs te, og kog i yderligere 10 minutter for at dræbe eventuelle uønskede mikrober, der kan være til stede på teposerne. Sluk for varmen, og lad teen trække i 15 minutter; fjern teposerne.

c) Lad teen afkøle til stuetemperatur eller let lunken temperatur; det bør ikke være varmere end omkring 70ºF eller 21ºC for at sikre, at kombucha-kulturen ikke beskadiges.

d) Hæld den gennemblødte te i en stor keramisk crock eller bredmundet glasvandkande gennem en finmasket sigte for at fjerne eventuel løsblads-te (hvis den bruges).

e) Tilføj til teen kombucha-startkulturen sammen med enhver te, den fulgte med. Dæk toppen af crock eller kanden med et stykke rent linned eller bomuld (undgå at bruge ostelærred, da det er for porøst), og sæt et elastikbånd rundt om kanten for at holde kluden på plads; alternativt kan du bruge tape rundt om kanten til at holde kluden på plads og sikre, at kluden ikke falder ned i krukken eller kanden.

f) Placer krukken eller kanden et roligt sted med luftventilation, i et varmt, men ikke solbelyst område, hvor det ikke vil blive forstyrret. Det ideelle gæringstemperaturområde er 73 til 82ºF eller 23 til 28ºC. Når du har fundet et sted til det, må du ikke flytte crocken eller kanden, mens kombuchaen gærer, da det kan forstyrre dyrkningsprocessen.

g) Vent omkring fem til seks dage med at høste din kombucha. Tjek først smagen: Hvis den er sødere end du ønsker, så lad den gære endnu en dag eller to. Hvis det har en eddikeagtig smag, skal du muligvis aftappe fremtidige batches efter en kortere periode; det er stadig fint at drikke, men du skal muligvis fortynde det med vand, når du drikker det, for at undgå at irritere din hals eller mave.
h) Hæld alle undtagen cirka 2 kopper af din fermenterede kombucha i en glaskrukke eller beholder med låg, eller flere genlukkelige glaskrukker (gammeldags sodavandsflasker med flip-top låg fungerer godt), dæk til og opbevar det i køleskabet.
i) For at øge dens brus, tilsæt en knivspids sukker og vent en dag eller to til med at drikke det. Hvis du opbevarer det længere end en uge, skal du muligvis løsne låget i køleskabet for at lade gasser slippe ud og forhindre glasset i at gå i stykker på grund af overtryk, der kan opstå over længere perioder.

96. Kultiverede Bloody Mary

Gør omkring 2 kopper

Ingredienser:
- 4 mellemstore tomater
- Saft fra ½ Kalk
- ⅓ kop saltlage fra kimchi, surkål eller pickles
- Dash uraffineret havsalt
- Dash peber
- 1 stilk selleri (valgfrit, til pynt)

Rutevejledning:
a) Bland alle ingredienserne undtagen sellerien i en blender og blend, indtil det er glat.
b) Hæld blandingen i et overdækket glasfad, og lad det gære i to til tolv timer, afhængigt af dine præferencer; længere gæringstider resulterer i en tangier drink.
c) Pynt med selleri, hvis det ønskes, og server med det samme.
d) Opbevar eventuelle rester i en krukke i køleskabet i op til tre dage.

97. <u>Fersken iste</u>

INGREDIENSER:
- 4 sorte teposer
- 8 kopper vand
- 1/2 kop ferskensirup
- 1/2 kop honning
- Skivede ferskner (valgfrit)
- Mynteblade (valgfrit)

VEJBESKRIVELSE
a) Bryg teposerne i 8 kopper kogende vand i 5 minutter.
b) Fjern teposerne og rør ferskensiruppen og honningen i, indtil de er opløst.
c) Lad teen afkøle til stuetemperatur.
d) Fyld Murer krukker med is, og hæld teen over isen.
e) Tilsæt fersken i skiver og mynteblade til pynt, hvis det ønskes.
f) Server og nyd!

98. Vandmelon Agua Fresca

INGREDIENSER:
- 4 kopper hakket vandmelon
- 2 kopper vand
- 1/4 kopKalksaft
- 1/4 kop honning
- Mynteblade (valgfrit)

VEJBESKRIVELSE
a) Tilsæt vandmelon, vand,Kalksaft og honning til en blender.
b) Blend indtil glat.
c) Fyld Murer krukker med is, og hæld agua fresca over isen.
d) Tilsæt mynteblade til pynt, hvis det ønskes.
e) Server og nyd!

99. Blåbær limonade

INGREDIENSER:

- 1 kop blåbær
- 1/2 kop citronsaft
- 1/2 kop honning
- 6 kopper vand
- Citronskiver (valgfrit)
- Blåbær (valgfrit)

VEJBESKRIVELSE

a) Tilsæt blåbær, citronsaft og honning til en blender.
b) Blend indtil glat.
c) Si blandingen gennem en finmasket si.
d) Fyld Murer-krukker med is, og hæld blåbærlimonade over isen.
e) Tilføj citronskiver og blåbær til pynt, hvis det ønskes.
f) Server og nyd!

100. <u>Mango Lassi</u>

INGREDIENSER:
- 1 kop almindelig yoghurt
- 1 kop hakket frisk mango
- 1/4 kop honning
- 1/4 kop mælk
- 1/4 tsk stødt kardemomme
- Mynteblade (valgfrit)

VEJBESKRIVELSE
a) Tilsæt yoghurt, mango, honning, mælk og kardemomme til en blender.
b) Blend indtil glat.
c) Fyld Murer krukker med is, og hæld mango lassi over isen.
d) Tilsæt mynteblade til pynt, hvis det ønskes.
e) Server og nyd!

KONKLUSION

Afslutningsvis er Murer Krukke måltider en alsidig og bekvem måde at nyde sund og lækker mad når som helst og hvor som helst. Ved at bruge Murer krukker til madopbevaring og servering kan du nemt portionere måltider og snacks ud og tage dem med på farten. Med uendelige muligheder for opskrifter er Murer Krukke måltider en perfekt løsning for travle personer, der ønsker at spise sundt uden at ofre smag eller bekvemmelighed. Så næste gang du leder efter en hurtig og nem mulighed for tilberedning af måltider, så prøv at lave et Murer Krukke måltid og nyd fordelene ved denne innovative trend.

www.ingramcontent.com/pod-product-compliance
Lightning Source LLC
Chambersburg PA
CBHW070418120526
44590CB00014B/1437